KB094238

기본 연산
Check-Book

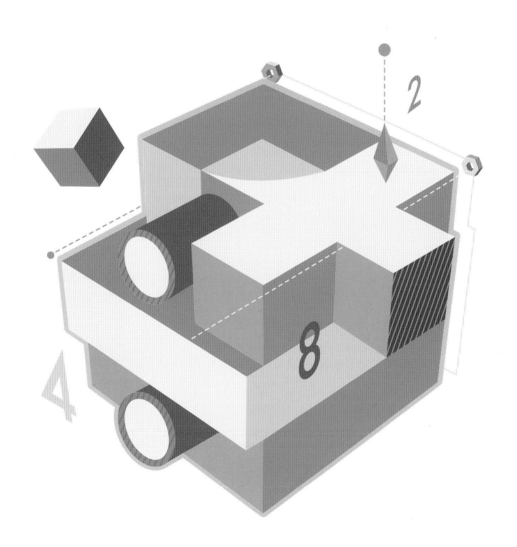

초등4 1호

분수의 덧셈과 뺄셈

분수의 덧셈

① $\dfrac{5}{11}+\dfrac{4}{11}=\dfrac{9}{11}$

② $\dfrac{3}{9}+\dfrac{5}{9}=\dfrac{\square}{9}$

③ $\dfrac{2}{8}+\dfrac{5}{8}=\dfrac{\square}{8}$

④ $\dfrac{2}{7}+\dfrac{4}{7}=\dfrac{\square}{7}$

⑤ $\dfrac{1}{6}+\dfrac{4}{6}=\dfrac{\square}{6}$

⑥ $\dfrac{1}{10}+\dfrac{7}{10}=\dfrac{\square}{10}$

⑦ $\dfrac{6}{14}+\dfrac{4}{14}=\dfrac{\square}{14}$

⑧ $\dfrac{10}{13}+\dfrac{1}{13}=\dfrac{\square}{13}$

⑨ $\dfrac{4}{12}+\dfrac{4}{12}=\dfrac{\square}{12}$

⑩ $\dfrac{2}{11}+\dfrac{3}{11}=\dfrac{\square}{11}$

⑪ $\dfrac{2}{5}+\dfrac{2}{5}=\dfrac{\square}{5}$

⑫ $\dfrac{2}{9}+\dfrac{3}{9}=\dfrac{\square}{9}$

⑬ $\dfrac{1}{12}+\dfrac{10}{12}=\dfrac{\square}{12}$

⑭ $\dfrac{6}{13}+\dfrac{2}{13}=\dfrac{\square}{13}$

⑮ $\dfrac{2}{7} + \dfrac{4}{7} =$

⑯ $\dfrac{1}{8} + \dfrac{5}{8} =$

⑰ $\dfrac{6}{13} + \dfrac{3}{13} =$

⑱ $\dfrac{6}{9} + \dfrac{1}{9} =$

⑲ $\dfrac{2}{15} + \dfrac{5}{15} =$

⑳ $\dfrac{7}{13} + \dfrac{2}{13} =$

㉑ $\dfrac{7}{11} + \dfrac{2}{11} =$

㉒ $\dfrac{4}{9} + \dfrac{1}{9} =$

㉓ $\dfrac{7}{15} + \dfrac{3}{15} =$

㉔ $\dfrac{8}{14} + \dfrac{1}{14} =$

㉕ $\dfrac{1}{4} + \dfrac{2}{4} =$

㉖ $\dfrac{1}{3} + \dfrac{1}{3} =$

㉗ $\dfrac{3}{5} + \dfrac{1}{5} =$

㉘ $\dfrac{5}{10} + \dfrac{4}{10} =$

자르는 선

분수의 뺄셈

① $\dfrac{7}{11} - \dfrac{4}{11} = \dfrac{\boxed{3}}{11}$

② $\dfrac{5}{9} - \dfrac{2}{9} = \dfrac{\boxed{}}{9}$

③ $\dfrac{6}{10} - \dfrac{5}{10} = \dfrac{\boxed{}}{10}$

④ $\dfrac{10}{18} - \dfrac{3}{18} = \dfrac{\boxed{}}{18}$

⑤ $\dfrac{8}{9} - \dfrac{1}{9} = \dfrac{\boxed{}}{9}$

⑥ $\dfrac{12}{16} - \dfrac{2}{16} = \dfrac{\boxed{}}{16}$

⑦ $\dfrac{4}{7} - \dfrac{2}{7} = \dfrac{\boxed{}}{7}$

⑧ $\dfrac{6}{8} - \dfrac{3}{8} = \dfrac{\boxed{}}{8}$

⑨ $\dfrac{9}{12} - \dfrac{4}{12} = \dfrac{\boxed{}}{12}$

⑩ $\dfrac{3}{6} - \dfrac{2}{6} = \dfrac{\boxed{}}{6}$

⑪ $\dfrac{3}{5} - \dfrac{1}{5} = \dfrac{\boxed{}}{5}$

⑫ $\dfrac{10}{13} - \dfrac{7}{13} = \dfrac{\boxed{}}{13}$

⑬ $\dfrac{7}{14} - \dfrac{3}{14} = \dfrac{\boxed{}}{14}$

⑭ $\dfrac{3}{4} - \dfrac{2}{4} = \dfrac{\boxed{}}{4}$

⑮ $\dfrac{6}{15} - \dfrac{3}{15} =$

⑯ $\dfrac{8}{11} - \dfrac{7}{11} =$

⑰ $\dfrac{8}{10} - \dfrac{2}{10} =$

⑱ $\dfrac{7}{8} - \dfrac{2}{8} =$

⑲ $\dfrac{8}{18} - \dfrac{3}{18} =$

⑳ $\dfrac{3}{11} - \dfrac{2}{11} =$

㉑ $\dfrac{7}{14} - \dfrac{6}{14} =$

㉒ $\dfrac{2}{4} - \dfrac{1}{4} =$

㉓ $\dfrac{13}{16} - \dfrac{8}{16} =$

㉔ $\dfrac{5}{6} - \dfrac{4}{6} =$

㉕ $\dfrac{4}{5} - \dfrac{2}{5} =$

㉖ $\dfrac{12}{13} - \dfrac{5}{13} =$

㉗ $\dfrac{8}{12} - \dfrac{6}{12} =$

㉘ $\dfrac{7}{8} - \dfrac{5}{8} =$

① $1 - \dfrac{1}{4} = \dfrac{3}{4}$

② $1 - \dfrac{3}{5} = \dfrac{\square}{5}$

③ $1 - \dfrac{2}{6} = \dfrac{\square}{6}$

④ $1 - \dfrac{3}{7} = \dfrac{\square}{7}$

⑤ $1 - \dfrac{1}{8} = \dfrac{\square}{8}$

⑥ $1 - \dfrac{1}{3} = \dfrac{\square}{3}$

⑦ $1 - \dfrac{2}{4} = \dfrac{\square}{4}$

⑧ $1 - \dfrac{2}{5} = \dfrac{\square}{5}$

⑨ $1 - \dfrac{3}{6} = \dfrac{\square}{6}$

⑩ $1 - \dfrac{2}{7} = \dfrac{\square}{7}$

⑪ $1 - \dfrac{5}{6} = \dfrac{\square}{6}$

⑫ $1 - \dfrac{5}{7} = \dfrac{\square}{7}$

⑬ $1 - \dfrac{2}{3} = \dfrac{\square}{3}$

⑭ $1 - \dfrac{3}{4} = \dfrac{\square}{4}$

⑮ $1 - \dfrac{4}{5} = \dfrac{\square}{5}$

⑯ $1 - \dfrac{4}{7} = \dfrac{\square}{7}$

⑰ $1 - \dfrac{2}{8} = \dfrac{\square}{8}$

⑱ $1 - \dfrac{1}{5} = \dfrac{\square}{5}$

⑲ $1 - \dfrac{5}{8} = \dfrac{\square}{8}$

⑳ $1 - \dfrac{3}{9} = \dfrac{\square}{9}$

㉑ $1 - \dfrac{8}{10} = \dfrac{\square}{10}$

㉒ $2 - \dfrac{1}{2} = \boxed{1}\dfrac{\boxed{1}}{2}$

㉓ $2 - \dfrac{2}{6} = \boxed{}\dfrac{\boxed{}}{6}$

㉔ $2 - \dfrac{1}{5} = \boxed{}\dfrac{\boxed{}}{5}$

㉕ $2 - \dfrac{2}{7} = \boxed{}\dfrac{\boxed{}}{7}$

㉖ $3 - \dfrac{1}{3} = \boxed{}\dfrac{\boxed{}}{3}$

㉗ $3 - \dfrac{1}{7} = \boxed{}\dfrac{\boxed{}}{7}$

㉘ $2 - \dfrac{2}{3} = \boxed{}\dfrac{\boxed{}}{3}$

㉙ $4 - \dfrac{3}{7} = \boxed{}\dfrac{\boxed{}}{7}$

㉚ $5 - \dfrac{4}{7} = \boxed{}\dfrac{\boxed{}}{7}$

㉛ $2 - \dfrac{1}{4} = \boxed{}\dfrac{\boxed{}}{4}$

㉜ $3 - \dfrac{3}{6} = \boxed{}\dfrac{\boxed{}}{6}$

㉝ $2 - \dfrac{6}{7} = \boxed{}\dfrac{\boxed{}}{7}$

㉞ $3 - \dfrac{5}{7} = \boxed{}\dfrac{\boxed{}}{7}$

㉟ $2 - \dfrac{2}{4} = \boxed{}\dfrac{\boxed{}}{4}$

❶ $\dfrac{3}{7}+\dfrac{2}{7}+\dfrac{1}{7}=\dfrac{\boxed{6}}{7}$

❷ $\dfrac{8}{10}-\dfrac{3}{10}-\dfrac{2}{10}=\dfrac{\square}{10}$

❸ $\dfrac{4}{9}+\dfrac{1}{9}+\dfrac{3}{9}=\dfrac{\square}{9}$

❹ $\dfrac{10}{11}-\dfrac{2}{11}-\dfrac{4}{11}=\dfrac{\square}{11}$

❺ $\dfrac{1}{8}+\dfrac{5}{8}+\dfrac{1}{8}=\dfrac{\square}{8}$

❻ $\dfrac{7}{8}-\dfrac{1}{8}-\dfrac{4}{8}=\dfrac{\square}{8}$

❼ $\dfrac{7}{12}+\dfrac{2}{12}+\dfrac{2}{12}=\dfrac{\square}{12}$

❽ $\dfrac{8}{13}-\dfrac{2}{13}-\dfrac{1}{13}=\dfrac{\square}{13}$

❾ $\dfrac{7}{20}+\dfrac{9}{20}+\dfrac{2}{20}=\dfrac{\square}{20}$

❿ $\dfrac{14}{15}-\dfrac{10}{15}-\dfrac{2}{15}=\dfrac{\square}{15}$

⓫ $\dfrac{2}{18}+\dfrac{4}{18}+\dfrac{10}{18}=\dfrac{\square}{18}$

⓬ $\dfrac{7}{11}-\dfrac{2}{11}-\dfrac{3}{11}=\dfrac{\square}{11}$

⓭ $\dfrac{4}{13}+\dfrac{4}{13}+\dfrac{4}{13}=\dfrac{\square}{13}$

⓮ $\dfrac{11}{12}-\dfrac{2}{12}-\dfrac{7}{12}=\dfrac{\square}{12}$

자르는 선

월   일

⑮ $\dfrac{7}{15} + \dfrac{9}{15} - \dfrac{3}{15} = \dfrac{\boxed{13}}{15}$

⑯ $\dfrac{16}{18} - \dfrac{12}{18} + \dfrac{3}{18} = \dfrac{\boxed{}}{18}$

⑰ $\dfrac{7}{13} + \dfrac{5}{13} - \dfrac{6}{13} = \dfrac{\boxed{}}{13}$

⑱ $\dfrac{11}{12} - \dfrac{9}{12} + \dfrac{7}{12} = \dfrac{\boxed{}}{12}$

⑲ $\dfrac{17}{18} + \dfrac{2}{18} - \dfrac{15}{18} = \dfrac{\boxed{}}{18}$

⑳ $\dfrac{3}{11} - \dfrac{2}{11} + \dfrac{8}{11} = \dfrac{\boxed{}}{11}$

㉑ $\dfrac{4}{9} + \dfrac{7}{9} - \dfrac{3}{9} = \dfrac{\boxed{}}{9}$

㉒ $\dfrac{14}{15} - \dfrac{13}{15} + \dfrac{10}{15} = \dfrac{\boxed{}}{15}$

㉓ $\dfrac{2}{7} + \dfrac{6}{7} - \dfrac{3}{7} = \dfrac{\boxed{}}{7}$

㉔ $\dfrac{6}{13} - \dfrac{3}{13} + \dfrac{7}{13} = \dfrac{\boxed{}}{13}$

㉕ $\dfrac{7}{8} + \dfrac{2}{8} - \dfrac{6}{8} = \dfrac{\boxed{}}{8}$

㉖ $\dfrac{5}{9} - \dfrac{3}{9} + \dfrac{6}{9} = \dfrac{\boxed{}}{9}$

㉗ $\dfrac{18}{20} + \dfrac{2}{20} - \dfrac{15}{20} = \dfrac{\boxed{}}{20}$

㉘ $\dfrac{6}{7} - \dfrac{4}{7} + \dfrac{2}{7} = \dfrac{\boxed{}}{7}$

자르는 선

❶ $2\dfrac{5}{7} + 1\dfrac{1}{7} = \boxed{3}\,\dfrac{\boxed{6}}{7}$

❷ $3\dfrac{2}{6} + 2\dfrac{3}{6} = \boxed{}\,\dfrac{\boxed{}}{6}$

❸ $4\dfrac{2}{8} + 2\dfrac{3}{8} = \boxed{}\,\dfrac{\boxed{}}{8}$

❹ $6\dfrac{3}{10} + 2\dfrac{4}{10} = \boxed{}\,\dfrac{\boxed{}}{10}$

❺ $3\dfrac{1}{3} + 2\dfrac{1}{3} = \boxed{}\,\dfrac{\boxed{}}{3}$

❻ $8\dfrac{2}{5} + 1\dfrac{2}{5} = \boxed{}\,\dfrac{\boxed{}}{5}$

❼ $1\dfrac{1}{4} + 2\dfrac{2}{4} = \boxed{}\,\dfrac{\boxed{}}{4}$

❽ $6\dfrac{1}{8} + 3\dfrac{6}{8} = \boxed{}\,\dfrac{\boxed{}}{8}$

❾ $5\dfrac{2}{12} + 3\dfrac{9}{12} = \boxed{}\,\dfrac{\boxed{}}{12}$

❿ $2\dfrac{4}{8} + 7\dfrac{3}{8} = \boxed{}\,\dfrac{\boxed{}}{8}$

⓫ $3\dfrac{4}{9} + 2\dfrac{3}{9} = \boxed{}\,\dfrac{\boxed{}}{9}$

⓬ $3\dfrac{1}{5} + 2\dfrac{2}{5} = \boxed{}\,\dfrac{\boxed{}}{5}$

⓭ $4\dfrac{2}{7} + 2\dfrac{4}{7} = \boxed{}\,\dfrac{\boxed{}}{7}$

⓮ $5\dfrac{7}{9} + 1\dfrac{1}{9} = \boxed{}\,\dfrac{\boxed{}}{9}$

⑮ $2\dfrac{2}{3}+2\dfrac{2}{3}=4\dfrac{\boxed{4}}{3}=\boxed{5}\dfrac{\boxed{1}}{3}$

⑯ $1\dfrac{4}{5}+2\dfrac{3}{5}=3\dfrac{\boxed{}}{5}=\boxed{}\dfrac{\boxed{}}{5}$

⑰ $3\dfrac{2}{7}+1\dfrac{6}{7}=4\dfrac{\boxed{}}{7}=\boxed{}\dfrac{\boxed{}}{7}$

⑱ $2\dfrac{3}{6}+3\dfrac{4}{6}=5\dfrac{\boxed{}}{6}=\boxed{}\dfrac{\boxed{}}{6}$

⑲ $1\dfrac{3}{4}+4\dfrac{2}{4}=5\dfrac{\boxed{}}{4}=\boxed{}\dfrac{\boxed{}}{4}$

⑳ $4\dfrac{2}{5}+3\dfrac{4}{5}=7\dfrac{\boxed{}}{5}=\boxed{}\dfrac{\boxed{}}{5}$

㉑ $6\dfrac{3}{4}+1\dfrac{3}{4}=7\dfrac{\boxed{}}{4}=\boxed{}\dfrac{\boxed{}}{4}$

❶ $2\dfrac{1}{4}+3\dfrac{3}{4}=\boxed{6}$

❷ $3\dfrac{4}{7}+1\dfrac{3}{7}=\boxed{}$

❸ $7\dfrac{2}{5}+2\dfrac{3}{5}=\boxed{}$

❹ $2\dfrac{3}{8}+2\dfrac{5}{8}=\boxed{}$

❺ $3\dfrac{5}{6}+4\dfrac{1}{6}=\boxed{}$

❻ $4\dfrac{3}{6}+1\dfrac{3}{6}=\boxed{}$

❼ $4\dfrac{2}{7}+2\dfrac{5}{7}=\boxed{}$

❽ $1\dfrac{2}{8}+3\dfrac{6}{8}=\boxed{}$

❾ $7\dfrac{4}{5}+1\dfrac{1}{5}=\boxed{}$

❿ $5\dfrac{5}{8}+3\dfrac{3}{8}=\boxed{}$

⓫ $2\dfrac{7}{9}+8\dfrac{2}{9}=\boxed{}$

⓬ $2\dfrac{2}{3}+5\dfrac{1}{3}=\boxed{}$

⓭ $4\dfrac{4}{8}+1\dfrac{4}{8}=\boxed{}$

⓮ $3\dfrac{3}{7}+3\dfrac{4}{7}=\boxed{}$

⑮ $6 - 3\dfrac{3}{4} = 5\dfrac{\boxed{4}}{4} - 3\dfrac{3}{4}$

$= \boxed{2\dfrac{1}{4}}$

⑯ $8 - 2\dfrac{1}{7} = 7\dfrac{\boxed{}}{7} - 2\dfrac{1}{7}$

$= \boxed{}$

⑰ $5 - 1\dfrac{1}{6} = 4\dfrac{\boxed{}}{6} - 1\dfrac{1}{6}$

$= \boxed{}$

⑱ $4 - 1\dfrac{1}{2} = 3\dfrac{\boxed{}}{2} - 1\dfrac{1}{2}$

$= \boxed{}$

⑲ $7 - 3\dfrac{4}{5} = 6\dfrac{\boxed{}}{5} - 3\dfrac{4}{5}$

$= \boxed{}$

⑳ $5 - 2\dfrac{3}{8} = 4\dfrac{\boxed{}}{8} - 2\dfrac{3}{8}$

$= \boxed{}$

㉑ $6 - 3\dfrac{2}{3} = 5\dfrac{\boxed{}}{3} - 3\dfrac{2}{3}$

$= \boxed{}$

㉒ $9 - 3\dfrac{6}{7} = 8\dfrac{\boxed{}}{7} - 3\dfrac{6}{7}$

$= \boxed{}$

자르는 선

① $5\dfrac{7}{9} - 1\dfrac{1}{9} = \boxed{4}\,\dfrac{\boxed{6}}{9}$

② $5\dfrac{5}{7} - 2\dfrac{2}{7} = \boxed{}\,\dfrac{\boxed{}}{7}$

③ $3\dfrac{4}{5} - 2\dfrac{1}{5} = \boxed{}\,\dfrac{\boxed{}}{5}$

④ $3\dfrac{4}{9} - 2\dfrac{3}{9} = \boxed{}\,\dfrac{\boxed{}}{9}$

⑤ $7\dfrac{4}{8} - 2\dfrac{3}{8} = \boxed{}\,\dfrac{\boxed{}}{8}$

⑥ $7\dfrac{9}{12} - 3\dfrac{3}{12} = \boxed{}\,\dfrac{\boxed{}}{12}$

⑦ $6\dfrac{6}{8} - 3\dfrac{1}{8} = \boxed{}\,\dfrac{\boxed{}}{8}$

⑧ $4\dfrac{2}{4} - 1\dfrac{1}{4} = \boxed{}\,\dfrac{\boxed{}}{4}$

⑨ $8\dfrac{4}{5} - 1\dfrac{2}{5} = \boxed{}\,\dfrac{\boxed{}}{5}$

⑩ $9\dfrac{2}{3} - 3\dfrac{1}{3} = \boxed{}\,\dfrac{\boxed{}}{3}$

⑪ $6\dfrac{7}{10} - 2\dfrac{1}{10} = \boxed{}\,\dfrac{\boxed{}}{10}$

⑫ $3\dfrac{5}{7} - 2\dfrac{2}{7} = \boxed{}\,\dfrac{\boxed{}}{7}$

⑬ $8\dfrac{3}{6} - 5\dfrac{1}{6} = \boxed{}\,\dfrac{\boxed{}}{6}$

⑭ $10\dfrac{11}{15} - 7\dfrac{8}{15} = \boxed{}\,\dfrac{\boxed{}}{15}$

⑮ $6\dfrac{3}{8} - 2\dfrac{7}{8} = 5\dfrac{\boxed{11}}{8} - 2\dfrac{7}{8} = \boxed{3}\dfrac{\boxed{4}}{8}$

⑯ $3\dfrac{3}{5} - 1\dfrac{4}{5} = 2\dfrac{\boxed{}}{5} - 1\dfrac{4}{5} = \boxed{}\dfrac{\boxed{}}{5}$

⑰ $5\dfrac{2}{7} - 2\dfrac{6}{7} = 4\dfrac{\boxed{}}{7} - 2\dfrac{6}{7} = \boxed{}\dfrac{\boxed{}}{7}$

⑱ $7\dfrac{3}{6} - 3\dfrac{4}{6} = 6\dfrac{\boxed{}}{6} - 3\dfrac{4}{6} = \boxed{}\dfrac{\boxed{}}{6}$

⑲ $6\dfrac{1}{4} - 4\dfrac{3}{4} = 5\dfrac{\boxed{}}{4} - 4\dfrac{3}{4} = \boxed{}\dfrac{\boxed{}}{4}$

⑳ $9\dfrac{1}{3} - 6\dfrac{2}{3} = 8\dfrac{\boxed{}}{3} - 6\dfrac{2}{3} = \boxed{}\dfrac{\boxed{}}{3}$

㉑ $5\dfrac{4}{8} - 3\dfrac{5}{8} = 4\dfrac{\boxed{}}{8} - 3\dfrac{5}{8} = \boxed{}\dfrac{\boxed{}}{8}$

① $2\dfrac{1}{6} + 1\dfrac{3}{6} = 3\dfrac{4}{6}$

② $3\dfrac{4}{7} - 1\dfrac{2}{7} = \boxed{}$

③ $7\dfrac{1}{3} + 2\dfrac{1}{3} = \boxed{}$

④ $9\dfrac{7}{10} - 4\dfrac{4}{10} = \boxed{}$

⑤ $6\dfrac{2}{9} + 3\dfrac{5}{9} = \boxed{}$

⑥ $8\dfrac{5}{8} - 2\dfrac{2}{8} = \boxed{}$

⑦ $5\dfrac{1}{4} + 3\dfrac{2}{4} = \boxed{}$

⑧ $7\dfrac{5}{6} - 3\dfrac{4}{6} = \boxed{}$

⑨ $3\dfrac{2}{5} + 5\dfrac{2}{5} = \boxed{}$

⑩ $9\dfrac{2}{6} - 3\dfrac{1}{6} = \boxed{}$

⑪ $4\dfrac{2}{8} + 3\dfrac{3}{8} = \boxed{}$

⑫ $6\dfrac{7}{9} - 3\dfrac{2}{9} = \boxed{}$

⑬ $6\dfrac{2}{7} + 3\dfrac{4}{7} = \boxed{}$

⑭ $5\dfrac{4}{5} - 2\dfrac{2}{5} = \boxed{}$

⑮ $3\dfrac{4}{7}+3\dfrac{4}{7}=\boxed{7\dfrac{1}{7}}$

⑯ $5\dfrac{2}{5}-2\dfrac{4}{5}=\boxed{}$

⑰ $4\dfrac{3}{8}+3\dfrac{6}{8}=\boxed{}$

⑱ $7\dfrac{2}{9}-5\dfrac{7}{9}=\boxed{}$

⑲ $5\dfrac{2}{5}+3\dfrac{4}{5}=\boxed{}$

⑳ $9\dfrac{1}{6}-4\dfrac{2}{6}=\boxed{}$

㉑ $5\dfrac{3}{4}+3\dfrac{2}{4}=\boxed{}$

㉒ $7\dfrac{4}{6}-3\dfrac{5}{6}=\boxed{}$

㉓ $6\dfrac{5}{9}+3\dfrac{5}{9}=\boxed{}$

㉔ $4\dfrac{2}{8}-1\dfrac{5}{8}=\boxed{}$

㉕ $7\dfrac{2}{3}+3\dfrac{2}{3}=\boxed{}$

㉖ $9\dfrac{4}{10}-3\dfrac{7}{10}=\boxed{}$

㉗ $1\dfrac{3}{6}+2\dfrac{4}{6}=\boxed{}$

㉘ $4\dfrac{2}{7}-2\dfrac{4}{7}=\boxed{}$

자르는 선

정 답

1주 분수의 덧셈 [1~2쪽]

① 9　② 8　③ 7　④ 6　⑤ 5　⑥ 8　⑦ 10　⑧ 11　⑨ 8　⑩ 5　⑪ 4　⑫ 5
⑬ 11　⑭ 8　⑮ $\frac{6}{7}$　⑯ $\frac{6}{8}$　⑰ $\frac{9}{13}$　⑱ $\frac{7}{9}$　⑲ $\frac{7}{15}$　⑳ $\frac{9}{13}$　㉑ $\frac{9}{11}$　㉒ $\frac{5}{9}$　㉓ $\frac{10}{15}$　㉔ $\frac{9}{14}$
㉕ $\frac{3}{4}$　㉖ $\frac{2}{3}$　㉗ $\frac{4}{5}$　㉘ $\frac{9}{10}$

2주 분수의 뺄셈 [3~4쪽]

① 3　② 3　③ 1　④ 7　⑤ 7　⑥ 10　⑦ 2　⑧ 3　⑨ 5　⑩ 1　⑪ 2　⑫ 3
⑬ 4　⑭ 1　⑮ $\frac{3}{15}$　⑯ $\frac{1}{11}$　⑰ $\frac{6}{10}$　⑱ $\frac{5}{8}$　⑲ $\frac{5}{18}$　⑳ $\frac{1}{11}$　㉑ $\frac{1}{14}$　㉒ $\frac{1}{4}$　㉓ $\frac{5}{16}$　㉔ $\frac{1}{6}$
㉕ $\frac{2}{5}$　㉖ $\frac{7}{13}$　㉗ $\frac{2}{12}$　㉘ $\frac{2}{8}$

3주 자연수와 분수의 계산 [5~6쪽]

① 3　② 2　③ 4　④ 4　⑤ 7　⑥ 2　⑦ 2　⑧ 3　⑨ 3　⑩ 5　⑪ 1　⑫ 2
⑬ 1　⑭ 1　⑮ 1　⑯ 3　⑰ 6　⑱ 4　⑲ 3　⑳ 6　㉑ 2　㉒ 1,1　㉓ 1,4　㉔ 1,4
㉕ 1,5　㉖ 2,2　㉗ 2,6　㉘ 1,1　㉙ 3,4　㉚ 4,3　㉛ 1,3　㉜ 2,3　㉝ 1,1　㉞ 2,2　㉟ 1,2

4주 분수의 덧셈과 뺄셈 [7~8쪽]

① 6　② 3　③ 8　④ 4　⑤ 7　⑥ 2　⑦ 11　⑧ 5　⑨ 18　⑩ 2　⑪ 16　⑫ 2
⑬ 12　⑭ 2　⑮ 13　⑯ 7　⑰ 6　⑱ 9　⑲ 4　⑳ 9　㉑ 8　㉒ 11　㉓ 5　㉔ 10
㉕ 3　㉖ 8　㉗ 5　㉘ 4

5주 대분수의 덧셈 [9~10쪽]

① 3,6　② 5,5　③ 6,5　④ 8,7　⑤ 5,2　⑥ 9,4　⑦ 3,3　⑧ 9,7　⑨ 8,11　⑩ 9,7　⑪ 5,7　⑫ 5,3
⑬ 6,6　⑭ 6,8　⑮ 4,5,1　⑯ 7,4,2　⑰ 8,5,1　⑱ 7,6,1　⑲ 5,6,1
⑳ 6,8,1　㉑ 6,8,2

6주 자연수와 대분수의 계산 [11~12쪽]

① 6　② 5　③ 10　④ 5　⑤ 8　⑥ 6　⑦ 7　⑧ 5　⑨ 9　⑩ 9　⑪ 11　⑫ 8
⑬ 6　⑭ 7　⑮ 4,2$\frac{1}{4}$　⑯ 7,5$\frac{6}{7}$　⑰ 6,3$\frac{5}{6}$　⑱ 2,2$\frac{1}{2}$　⑲ 5,3$\frac{1}{5}$
⑳ 8,2$\frac{5}{8}$　㉑ 3,2$\frac{1}{3}$　㉒ 7,5$\frac{1}{7}$

7주 대분수의 뺄셈 [13~14쪽]

① 4,6　② 3,3　③ 1,3　④ 1,1　⑤ 5,1　⑥ 4,6　⑦ 3,5　⑧ 3,1　⑨ 7,2　⑩ 6,1　⑪ 4,6　⑫ 1,3
⑬ 3,2　⑭ 3,3　⑮ 11,3,4　⑯ 8,1,4　⑰ 9,2,3　⑱ 9,3,5　⑲ 5,1,2
⑳ 4,2,2　㉑ 12,1,7

8주 대분수의 덧셈과 뺄셈 [15~16쪽]

① 3$\frac{4}{6}$　② 2$\frac{2}{7}$　③ 9$\frac{2}{3}$　④ 5$\frac{3}{10}$　⑤ 9$\frac{7}{9}$　⑥ 6$\frac{3}{8}$　⑦ 8$\frac{3}{4}$　⑧ 4$\frac{1}{6}$　⑨ 8$\frac{4}{5}$　⑩ 6$\frac{1}{6}$　⑪ 7$\frac{5}{8}$　⑫ 3$\frac{5}{9}$
⑬ 9$\frac{6}{7}$　⑭ 3$\frac{2}{5}$　⑮ 7$\frac{1}{7}$　⑯ 2$\frac{3}{5}$　⑰ 8$\frac{1}{8}$　⑱ 1$\frac{4}{9}$　⑲ 9$\frac{1}{5}$　⑳ 4$\frac{5}{6}$　㉑ 9$\frac{1}{4}$　㉒ 3$\frac{5}{6}$　㉓ 10$\frac{1}{9}$　㉔ 2$\frac{5}{8}$
㉕ 11$\frac{1}{3}$　㉖ 5$\frac{7}{10}$　㉗ 4$\frac{1}{6}$　㉘ 1$\frac{5}{7}$

사고셈

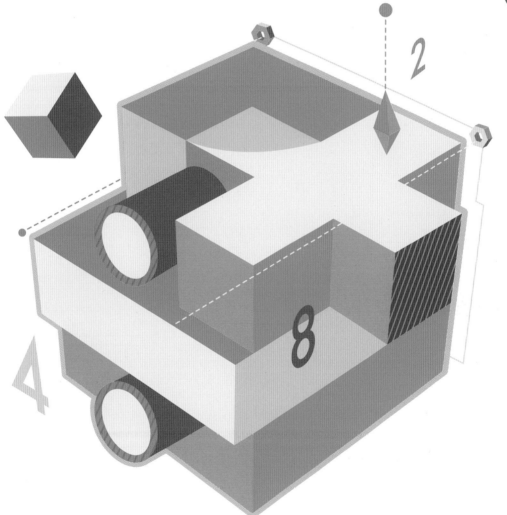

2

8

4

이 책의 구성과 특징

생각의 힘을 키우는 사고(思考)셈은 1주 4개, 8주 32개의 사고력 유형 학습을 통해 수와 연산에 대한 개념의 응용력(추론 및 문제해결능력)을 키울 수 있도록 하였습니다.

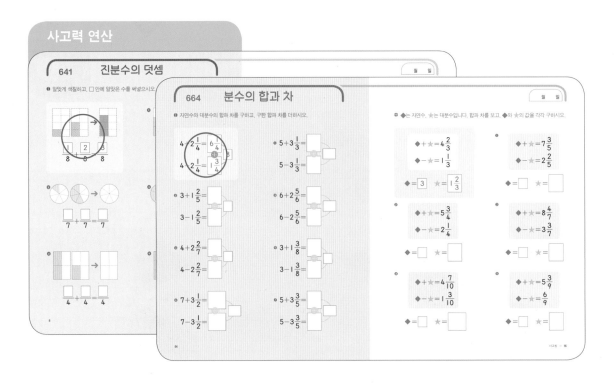

⬥ 대표 사고력 유형으로 연산 원리를 쉽게쉽게
⬥ 1~4일차: 다양한 유형의 주 진도 학습

잘 공부했는지 알아봅시다.

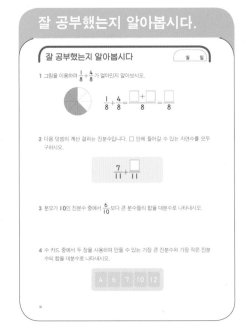

⬥ 5일차 점검 학습: 주 진도 학습 확인

◦····◯ 권두부록 (기본연산 Check-Book)

기본연산 Check-Book

1주   분수의 덧셈

- $\frac{5}{11} + \frac{4}{11} = \frac{9}{11}$

- $\frac{2}{8} + \frac{5}{8} = \frac{\square}{8}$

- $\frac{1}{6} + \frac{4}{6} = \frac{\square}{6}$

- $\frac{6}{14} + \frac{4}{14} = \frac{\square}{14}$

- $\frac{4}{12} + \frac{4}{12} = \frac{\square}{12}$

- $\frac{2}{5} + \frac{2}{5} = \frac{\square}{5}$

- $\frac{1}{12} + \frac{10}{12} = \frac{\square}{12}$

- $\frac{3}{9} + \frac{5}{9} = \frac{\square}{9}$

- $\frac{2}{7} + \frac{4}{7} = \frac{\square}{7}$

- $\frac{1}{10} + \frac{7}{10} = \frac{\square}{10}$

- $\frac{10}{13} + \frac{1}{13} = \frac{\square}{13}$

- $\frac{2}{11} + \frac{3}{11} = \frac{\square}{11}$

- $\frac{2}{9} + \frac{3}{9} = \frac{\square}{9}$

- $\frac{6}{13} + \frac{2}{13} = \frac{\square}{13}$

1주 분수의 덧셈   월 일

- $\frac{2}{7} + \frac{4}{7} =$

- $\frac{6}{13} + \frac{3}{13} =$

- $\frac{2}{15} + \frac{5}{15} =$

- $\frac{7}{11} + \frac{2}{11} =$

- $\frac{7}{15} + \frac{3}{15} =$

- $\frac{1}{4} + \frac{2}{4} =$

- $\frac{3}{5} + \frac{1}{5} =$

- $\frac{1}{8} + \frac{5}{8} =$

- $\frac{6}{9} + \frac{1}{9} =$

- $\frac{7}{13} + \frac{2}{13} =$

- $\frac{4}{9} + \frac{1}{9} =$

- $\frac{8}{14} + \frac{1}{14} =$

- $\frac{1}{3} + \frac{1}{3} =$

- $\frac{5}{10} + \frac{4}{10} =$

◈ 본 학습 전 기본연산 실력 진단

◦····◯ 권말부록 (G-Book)

Guide Book(정답 및 해설)

670   모양 분수   월 일

❶ 같은 모양에는 같은 수가 들어갑니다. 빈칸에 알맞은 수를 써넣으시오.

$\boxed{3\frac{2}{4}} + \boxed{2\frac{1}{4}} = 5\frac{3}{4}$

$3\frac{2}{4} - \boxed{2\frac{1}{4}} = 1\frac{1}{4}$

두 번째 식에서 ◯안의 수 $2\frac{1}{4}$을 구한 다음, $2\frac{1}{4}$을 첫 번째 식에 넣고 □안의 수를 구합니다.

$\boxed{2\frac{1}{6}} + \boxed{3\frac{2}{6}} = 5\frac{3}{6}$

$2\frac{1}{6} - 1\frac{2}{6} = \frac{5}{6}$

$\boxed{8\frac{3}{5}} + \boxed{2\frac{4}{5}} = 11\frac{2}{5}$

$6\frac{3}{5} - \boxed{2\frac{4}{5}} = 3\frac{4}{5}$

$\boxed{2} + \boxed{3\frac{2}{5}} = 5\frac{2}{5}$

$5\frac{1}{5} - \boxed{3\frac{2}{5}} = 1\frac{4}{5}$

두 번째 식에서 ◯안의 수 $3\frac{2}{5}$를 구한 다음, $3\frac{2}{5}$를 첫 번째 식에 넣고 □안의 수를 구합니다.

$\boxed{5\frac{2}{7}} + \boxed{3\frac{6}{7}} = 9\frac{1}{7}$

$5\frac{2}{7} - 2\frac{4}{7} = 2\frac{5}{7}$

$\boxed{7\frac{2}{5}} + \boxed{2\frac{1}{5}} = 9\frac{3}{5}$

$6\frac{2}{5} - \boxed{2\frac{1}{5}} = 4\frac{1}{5}$

❶ 같은 모양에는 같은 수가 들어갑니다. 빈칸에 알맞은 수를 써넣으시오.

$\boxed{3\frac{1}{3}} + 2\frac{1}{3} = 5\frac{2}{3}$

$7\frac{1}{3} - \boxed{3\frac{2}{3}} = 3\frac{2}{3}$

$3\frac{1}{3} + 3\frac{2}{3} = \boxed{7}$

$1\frac{3}{4} + 3\frac{2}{4} = 5\frac{1}{4}$

$\boxed{9\frac{3}{4}} - 2\frac{1}{4} = 7\frac{2}{4}$

$9\frac{3}{4} - 3\frac{2}{4} = \boxed{6\frac{1}{4}}$

$5\frac{4}{7} + 4\frac{1}{7} = 9\frac{5}{7}$

$8\frac{6}{7} - \boxed{1\frac{4}{7}} = 7\frac{2}{7}$

$5\frac{4}{7} + \boxed{1\frac{4}{7}} = \boxed{7\frac{1}{7}}$

$5\frac{3}{8} + 3\frac{7}{8} = 9\frac{2}{8}$

$6\frac{7}{8} - 3\frac{3}{8} = 3\frac{4}{8}$

$3\frac{7}{8} + 3\frac{3}{8} = \boxed{7\frac{2}{8}}$

◈ 문제와 답을 한 눈에!

◈ 상세한 풀이와 친절한 해설, 답

학습 효과 및 활용법

학습 효과

수학적 사고력 향상

생각의 다양성 향상

스스로 생각을 만드는 직관 학습

추론능력, 문제해결력 향상

연산의 원리 이해

수·연산 영역 완벽 대비

다양한 유형으로 수 조작력 향상

진도 학습 및 점검 학습으로 연산 학습 완성

사고셈

주차별 활용법

1단계
기본연산 Check-Book으로 준비 학습

2단계
사고력 유형으로 진도 학습

3단계
마무리 문제로 점검 학습

1단계 : 기본연산 Check-Book으로 사고력 연산을 위한 준비 학습을 합니다.

2단계 : 사고력 유형으로 사고력 연산의 진도 학습을 합니다.

3단계 : 한 주마다 점검 학습(잘 공부했는지 알아봅시다)으로 사고력 향상을 확인합니다.

학습 구성

6세

1호	10까지의 수
2호	더하기 빼기 1과 2
3호	합이 9까지인 덧셈
4호	한 자리 수의 뺄셈과 세 수의 계산

7세

1호	한 자리 수의 덧셈과 뺄셈
2호	10 만들기
3호	50까지의 수
4호	더하기 빼기 1과 2, 10과 20

초등 1

1호	덧셈구구
2호	뺄셈구구와 덧셈, 뺄셈 혼합
3호	100까지의 수, 1000까지의 수
4호	받아올림, 받아내림 없는 두 자리 수의 계산

초등 2

1호	두 자리 수와 한 자리 수의 덧셈과 뺄셈
2호	두 자리 수의 덧셈과 뺄셈
3호	곱셈구구
4호	곱셈과 나눗셈 구구

초등 3

1호	세·네 자리 수의 덧셈과 뺄셈
2호	분수와 소수의 기초
3호	두 자리 수의 곱셈과 나눗셈
4호	분수

초등 4

1호	분수의 덧셈과 뺄셈
2호	혼합 계산
3호	소수의 덧셈과 뺄셈
4호	어림하기

이 책의 학습 로드맵

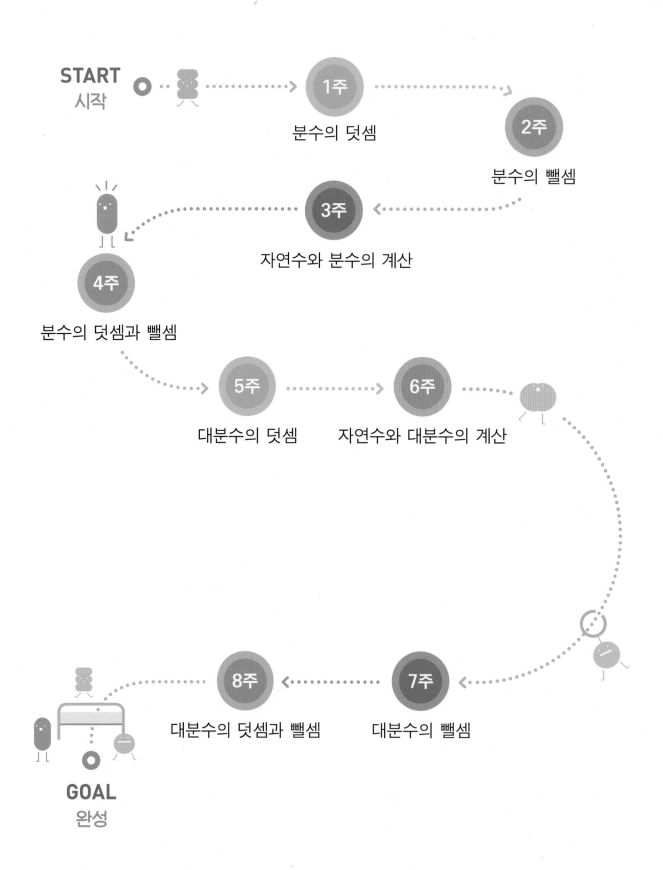

START
시작

1주
분수의 덧셈

2주
분수의 뺄셈

3주
자연수와 분수의 계산

4주
분수의 덧셈과 뺄셈

5주
대분수의 덧셈

6주
자연수와 대분수의 계산

7주
대분수의 뺄셈

8주
대분수의 덧셈과 뺄셈

GOAL
완성

1

분수의 덧셈

진분수의 덧셈

● 알맞게 색칠하고, □ 안에 알맞은 수를 써넣으시오.

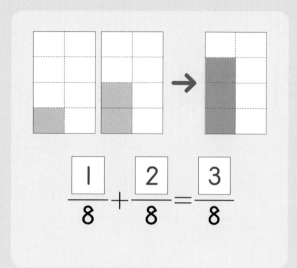

$$\frac{1}{8} + \frac{2}{8} = \frac{3}{8}$$

❶

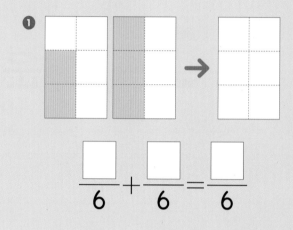

$$\frac{}{6} + \frac{}{6} = \frac{}{6}$$

❷

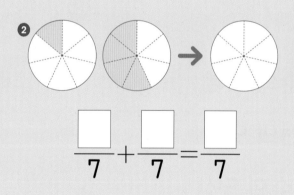

$$\frac{}{7} + \frac{}{7} = \frac{}{7}$$

❸

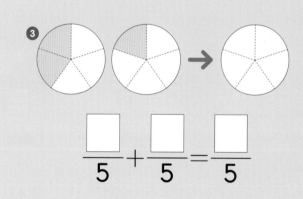

$$\frac{}{5} + \frac{}{5} = \frac{}{5}$$

❹

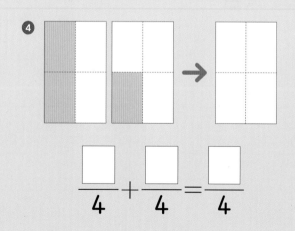

$$\frac{}{4} + \frac{}{4} = \frac{}{4}$$

❺

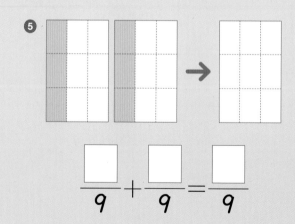

$$\frac{}{9} + \frac{}{9} = \frac{}{9}$$

⊕ □ 안에 알맞은 수를 써넣으시오.

$\dfrac{2}{7}$는 $\dfrac{1}{7}$이 $\boxed{2}$ 개, $\dfrac{3}{7}$은 $\dfrac{1}{7}$이 $\boxed{3}$ 개이므로

$\dfrac{2}{7}+\dfrac{3}{7}$은 $\dfrac{1}{7}$이 $\boxed{5}$ 개입니다.

➜ $\dfrac{2}{7}+\dfrac{3}{7}=\dfrac{\boxed{5}}{\boxed{7}}$

❶ $\dfrac{3}{8}$은 $\dfrac{1}{8}$이 $\boxed{}$ 개, $\dfrac{4}{8}$는 $\dfrac{1}{8}$이 $\boxed{}$ 개이므로

$\dfrac{3}{8}+\dfrac{4}{8}$는 $\dfrac{1}{8}$이 $\boxed{}$ 개입니다.

➜ $\dfrac{3}{8}+\dfrac{4}{8}=\dfrac{\boxed{}}{\boxed{}}$

❷ $\dfrac{2}{9}$는 $\dfrac{1}{9}$이 $\boxed{}$ 개, $\dfrac{5}{9}$는 $\dfrac{1}{9}$이 $\boxed{}$ 개이므로

$\dfrac{2}{9}+\dfrac{5}{9}$는 $\dfrac{1}{9}$이 $\boxed{}$ 개입니다.

➜ $\dfrac{2}{9}+\dfrac{5}{9}=\dfrac{\boxed{}}{\boxed{}}$

❸ $\dfrac{3}{12}$은 $\dfrac{1}{12}$이 $\boxed{}$ 개, $\dfrac{8}{12}$은 $\dfrac{1}{12}$이 $\boxed{}$ 개

이므로 $\dfrac{3}{12}+\dfrac{8}{12}$은 $\dfrac{1}{12}$이 $\boxed{}$ 개입니다.

➜ $\dfrac{3}{12}+\dfrac{8}{12}=\dfrac{\boxed{}}{\boxed{}}$

수직선의 덧셈

● □ 안에 알맞은 수를 써넣으시오.

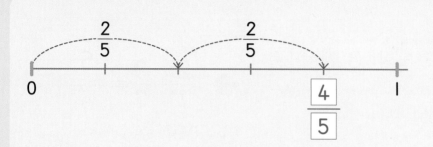

$$\frac{2}{5} + \frac{2}{5} = \frac{4}{5}$$

❶

$$\frac{3}{10} + \frac{4}{10} = \frac{\Box}{\Box}$$

❷

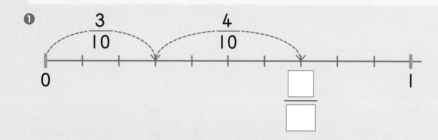

$$\frac{2}{8} + \frac{3}{8} = \frac{\Box}{\Box}$$

❸

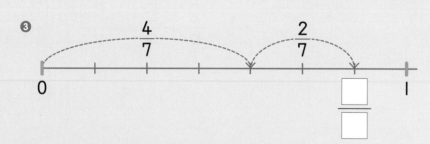

$$\frac{4}{7} + \frac{2}{7} = \frac{\Box}{\Box}$$

❹

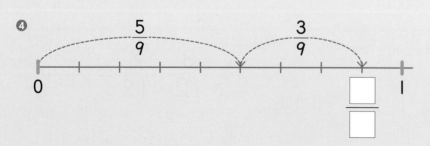

$$\frac{5}{9} + \frac{3}{9} = \frac{\Box}{\Box}$$

➕ ☐ 안에 알맞은 수를 써넣으시오.

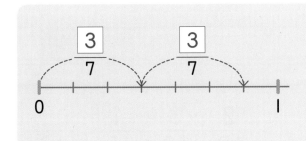

$$\frac{3}{7}+\frac{3}{7}=\frac{\boxed{3}+\boxed{3}}{7}=\frac{\boxed{6}}{7}$$

❶

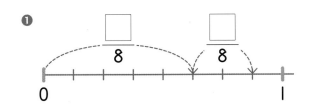

$$\frac{5}{8}+\frac{2}{8}=\frac{\boxed{}+\boxed{}}{8}=\frac{\boxed{}}{\boxed{}}$$

❷

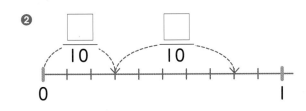

$$\frac{3}{10}+\frac{5}{10}=\frac{\boxed{}+\boxed{}}{10}=\frac{\boxed{}}{\boxed{}}$$

❸

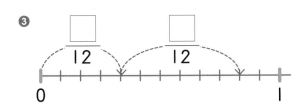

$$\frac{4}{12}+\frac{6}{12}=\frac{\boxed{}+\boxed{}}{12}=\frac{\boxed{}}{\boxed{}}$$

❹

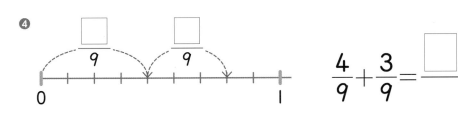

$$\frac{4}{9}+\frac{3}{9}=\frac{\boxed{}+\boxed{}}{9}=\frac{\boxed{}}{\boxed{}}$$

세 분수의 덧셈

● 그림을 보고 □ 안에 알맞은 수를 써넣으시오.

$$\frac{3}{12} + \frac{2}{12} + \frac{6}{12} = \frac{11}{12}$$

❶

$$\frac{2}{10} + \frac{3}{10} + \frac{4}{10} = \frac{\square}{10}$$

❷

$$\frac{4}{9} + \frac{1}{9} + \frac{2}{9} = = \frac{\square}{9}$$

❸

$$\frac{3}{11} + \frac{2}{11} + \frac{3}{11} = \frac{\square}{11}$$

❹

$$\frac{3}{15} + \frac{2}{15} + \frac{5}{15} = \frac{\square}{15}$$

❺

$$\frac{4}{13} + \frac{1}{13} + \frac{4}{13} = \frac{\square}{13}$$

❻

$$\frac{1}{8} + \frac{4}{8} + \frac{2}{8} = \frac{\square}{8}$$

❼

$$\frac{7}{14} + \frac{1}{14} + \frac{2}{14} = \frac{\square}{14}$$

◆ □ 안에 알맞은 수를 써넣으시오.

$$\frac{2}{8}+\frac{3}{8}+\frac{4}{8}=\frac{\boxed{2}+\boxed{3}+\boxed{4}}{8}=\frac{\boxed{9}}{8}=\boxed{1}\frac{\boxed{1}}{8}$$

❶ $\frac{4}{6}+\frac{3}{6}+\frac{4}{6}=\frac{\Box+\Box+\Box}{6}=\frac{\Box}{\Box}=\Box\frac{\Box}{\Box}$

❷ $\frac{7}{10}+\frac{3}{10}+\frac{9}{10}=\frac{\Box+\Box+\Box}{10}=\frac{\Box}{\Box}=\Box\frac{\Box}{\Box}$

❸ $\frac{8}{9}+\frac{7}{9}+\frac{1}{9}=\frac{\Box+\Box+\Box}{9}=\frac{\Box}{\Box}=\Box\frac{\Box}{\Box}$

❹ $\frac{4}{11}+\frac{5}{11}+\frac{9}{11}=\frac{\Box+\Box+\Box}{11}=\frac{\Box}{\Box}=\Box\frac{\Box}{\Box}$

❺ $\frac{3}{7}+\frac{4}{7}+\frac{5}{7}=\frac{\Box+\Box+\Box}{7}=\frac{\Box}{\Box}=\Box\frac{\Box}{\Box}$

수 카드 덧셈

◑ 수 카드 중에서 두 장을 사용하여 만들 수 있는 진분수를 모두 쓰고, 가장 작은 분수에 ○표 하시오.

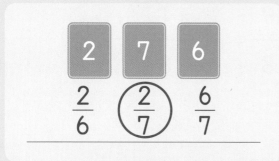

$$\frac{2}{6} \quad \textcircled{\frac{2}{7}} \quad \frac{6}{7}$$

❶

❷

❸

◑ 수 카드 중에서 두 장을 사용하여 만들 수 있는 진분수를 모두 쓰고, 가장 큰 분수에 △표 하시오.

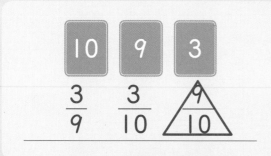

$$\frac{3}{9} \quad \frac{3}{10} \quad \triangle\frac{9}{10}$$

❹

❺

❻

✛ 수 카드 중에서 두 장을 사용하여 만들 수 있는 가장 큰 진분수와 가장 작은 진분수를 쓰고, 두 분수의 합을 대분수로 나타내시오.

| 3 | 5 |
| 10 | 12 |

가장 큰 분수 : $\dfrac{10}{12}$　　　가장 작은 분수 : $\dfrac{3}{12}$

분수의 합 : $\dfrac{10}{12} + \dfrac{3}{12} = \dfrac{13}{12} = 1\dfrac{1}{12}$

---

❶

| 9 | 8 |
| 4 | 2 |

가장 큰 분수 :　　　　　　가장 작은 분수 :

분수의 합 :

---

❷

| 11 | 8 |
| 12 | 4 |

가장 큰 분수 :　　　　　　가장 작은 분수 :

분수의 합 :

---

❸

| 9 | 13 |
| 14 | 5 |

가장 큰 분수 :　　　　　　가장 작은 분수 :

분수의 합 :

잘 공부했는지 알아봅시다

1 그림을 이용하여 $\dfrac{1}{8}+\dfrac{4}{8}$가 얼마인지 알아보시오.

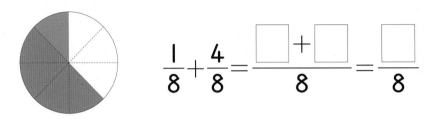

$$\dfrac{1}{8}+\dfrac{4}{8}=\dfrac{\square+\square}{8}=\dfrac{\square}{8}$$

2 다음 덧셈의 계산 결과는 진분수입니다. □ 안에 들어갈 수 있는 자연수를 모두 구하시오.

$$\dfrac{7}{11}+\dfrac{\square}{11}$$

3 분모가 10인 진분수 중에서 $\dfrac{6}{10}$보다 큰 분수들의 합을 대분수로 나타내시오.

4 수 카드 중에서 두 장을 사용하여 만들 수 있는 가장 큰 진분수와 가장 작은 진분수의 합을 대분수로 나타내시오.

| 4 | 5 | 7 | 10 | 12 |

2 분수의 뺄셈

진분수의 뺄셈

● 알맞게 색칠하고, □ 안에 알맞은 수를 써넣으시오.

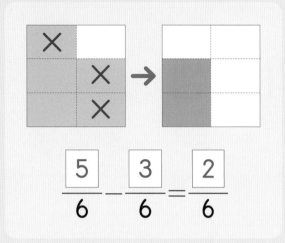

$$\frac{5}{6} - \frac{3}{6} = \frac{2}{6}$$

❶

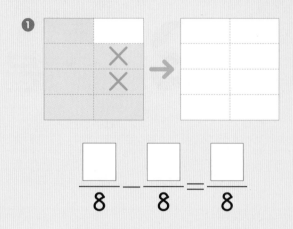

$$\frac{\square}{8} - \frac{\square}{8} = \frac{\square}{8}$$

❷

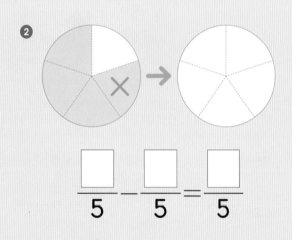

$$\frac{\square}{5} - \frac{\square}{5} = \frac{\square}{5}$$

❸

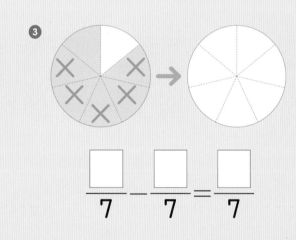

$$\frac{\square}{7} - \frac{\square}{7} = \frac{\square}{7}$$

❹

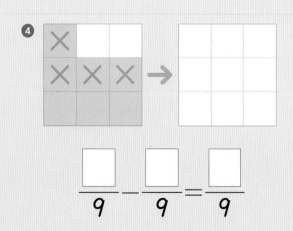

$$\frac{\square}{9} - \frac{\square}{9} = \frac{\square}{9}$$

❺

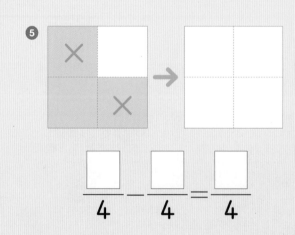

$$\frac{\square}{4} - \frac{\square}{4} = \frac{\square}{4}$$

✛ ☐ 안에 알맞은 수를 써넣으시오.

$\dfrac{6}{8}$은 $\dfrac{1}{8}$이 $\boxed{6}$ 개, $\dfrac{3}{8}$은 $\dfrac{1}{8}$이 $\boxed{3}$ 개이므로

$\dfrac{6}{8} - \dfrac{3}{8}$은 $\dfrac{1}{8}$이 $\boxed{3}$ 개입니다.

→ $\dfrac{6}{8} - \dfrac{3}{8} = \dfrac{\boxed{3}}{\boxed{8}}$

❶ $\dfrac{4}{6}$는 $\dfrac{1}{6}$이 $\boxed{}$ 개, $\dfrac{3}{6}$은 $\dfrac{1}{6}$이 $\boxed{}$ 개이므로

$\dfrac{4}{6} - \dfrac{3}{6}$은 $\dfrac{1}{6}$이 $\boxed{}$ 개입니다.

→ $\dfrac{4}{6} - \dfrac{3}{6} = \dfrac{\boxed{}}{\boxed{}}$

❷ $\dfrac{5}{7}$는 $\dfrac{1}{7}$이 $\boxed{}$ 개, $\dfrac{2}{7}$는 $\dfrac{1}{7}$이 $\boxed{}$ 개이므로

$\dfrac{5}{7} - \dfrac{2}{7}$는 $\dfrac{1}{7}$이 $\boxed{}$ 개입니다.

→ $\dfrac{5}{7} - \dfrac{2}{7} = \dfrac{\boxed{}}{\boxed{}}$

❸ $\dfrac{8}{9}$은 $\dfrac{1}{9}$이 $\boxed{}$ 개, $\dfrac{5}{9}$는 $\dfrac{1}{9}$이 $\boxed{}$ 개이므로

$\dfrac{8}{9} - \dfrac{5}{9}$는 $\dfrac{1}{9}$이 $\boxed{}$ 개입니다.

→ $\dfrac{8}{9} - \dfrac{5}{9} = \dfrac{\boxed{}}{\boxed{}}$

수직선 뺄셈

◑ □ 안에 알맞은 수를 써넣으시오.

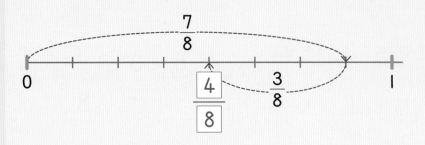

$$\frac{7}{8} - \frac{3}{8} = \frac{\boxed{4}}{\boxed{8}}$$

❶

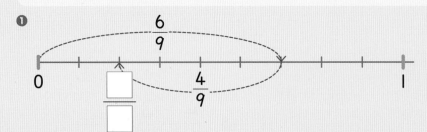

$$\frac{6}{9} - \frac{4}{9} = \frac{\boxed{}}{\boxed{}}$$

❷

$$\frac{4}{5} - \frac{3}{5} = \frac{\boxed{}}{\boxed{}}$$

❸

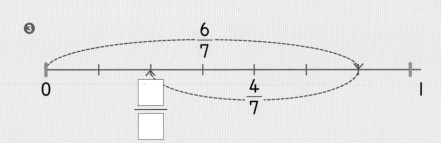

$$\frac{6}{7} - \frac{4}{7} = \frac{\boxed{}}{\boxed{}}$$

❹

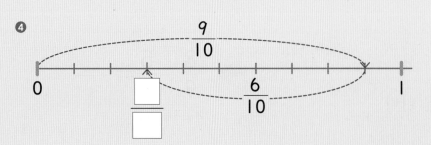

$$\frac{9}{10} - \frac{6}{10} = \frac{\boxed{}}{\boxed{}}$$

⊕ ☐ 안에 알맞은 수를 써넣으시오.

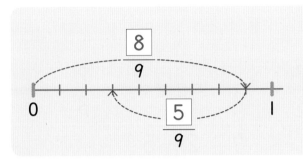

$$\frac{8}{9} - \frac{5}{9} = \frac{\boxed{8} - \boxed{5}}{9} = \frac{\boxed{3}}{\boxed{9}}$$

❶

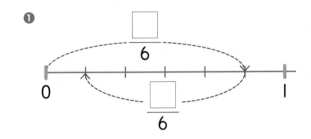

$$\frac{5}{6} - \frac{4}{6} = \frac{\boxed{} - \boxed{}}{6} = \frac{\boxed{}}{\boxed{}}$$

❷

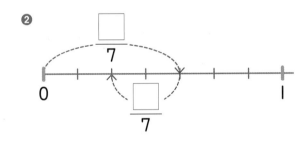

$$\frac{4}{7} - \frac{2}{7} = \frac{\boxed{} - \boxed{}}{7} = \frac{\boxed{}}{\boxed{}}$$

❸

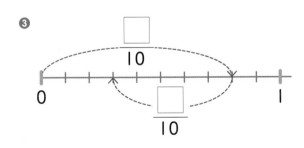

$$\frac{8}{10} - \frac{5}{10} = \frac{\boxed{} - \boxed{}}{10} = \frac{\boxed{}}{\boxed{}}$$

❹

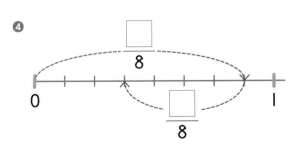

$$\frac{7}{8} - \frac{4}{8} = \frac{\boxed{} - \boxed{}}{8} = \frac{\boxed{}}{\boxed{}}$$

숫자 카드 뺄셈

❶ 수 카드 중에서 두 장을 사용하여 만들 수 있는 가장 큰 진분수와 가장 작은 진분수를 쓰고, 두 분수의 차를 구하시오.

2
8 7

가장 큰 분수 : $\dfrac{7}{8}$ 가장 작은 분수 : $\dfrac{2}{8}$

분수의 차 : $\dfrac{7}{8} - \dfrac{2}{8} = \dfrac{5}{8}$

❶

9
7 1

가장 큰 분수 : _____   가장 작은 분수 : _____

분수의 차 : _____

❷

12
3 10

가장 큰 분수 : _____   가장 작은 분수 : _____

분수의 차 : _____

❸

가장 큰 분수 : _____   가장 작은 분수 : _____

분수의 차 : _____

✚ 수 카드 중에서 두 장을 사용하여 만들 수 있는 가장 큰 진분수와 가장 작은 진분수의 차를 구하시오.

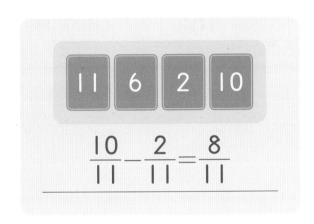

$$\frac{10}{11} - \frac{2}{11} = \frac{8}{11}$$

❶

❷

| 11 | 8 | 12 | 4 |

❸

❹

| 13 | 11 | 6 | 2 |

❺

부등호 뺄셈

● □ 안에 들어갈 수 있는 수에 모두 ○표 하시오.

$$\frac{7}{12} - \frac{\square}{12} > \frac{3}{12}$$

② ③ 4 5 6

❶
$$\frac{10}{15} - \frac{\square}{15} < \frac{7}{15}$$

1 2 3 4 5

❷
$$\frac{\square}{9} - \frac{1}{9} > \frac{5}{9}$$

4 5 6 7 8

❸
$$\frac{\square}{11} - \frac{3}{11} < \frac{4}{11}$$

5 6 7 8 9

❹
$$\frac{9}{10} - \frac{\square}{10} > \frac{6}{10}$$

1 2 3 4 5

❺
$$\frac{11}{12} - \frac{\square}{12} < \frac{5}{12}$$

4 5 6 7 8

❻
$$\frac{\square}{7} - \frac{2}{7} > \frac{2}{7}$$

2 3 4 5 6

❼
$$\frac{\square}{8} - \frac{2}{8} > \frac{1}{8}$$

1 2 3 4 5

✛ □ 안에 들어갈 수 있는 가장 작은 자연수를 쓰시오.

$$\frac{8}{10} - \frac{\boxed{5}}{10} < \frac{4}{10}$$

❶ $\dfrac{6}{11} - \dfrac{\square}{11} < \dfrac{5}{11}$

❷ $\dfrac{10}{15} - \dfrac{\square}{15} < \dfrac{3}{15}$

❸ $\dfrac{9}{12} - \dfrac{\square}{12} < \dfrac{6}{12}$

❹ $\dfrac{7}{8} - \dfrac{\square}{8} < \dfrac{3}{8}$

❺ $\dfrac{4}{10} - \dfrac{\square}{10} < \dfrac{2}{10}$

✛ □ 안에 들어갈 수 있는 가장 큰 자연수를 쓰시오.

$$\frac{9}{13} - \frac{\boxed{4}}{13} > \frac{4}{13}$$

❻ $\dfrac{11}{12} - \dfrac{\square}{12} > \dfrac{7}{12}$

❼ $\dfrac{7}{8} - \dfrac{\square}{8} > \dfrac{2}{8}$

❽ $\dfrac{9}{10} - \dfrac{\square}{10} > \dfrac{6}{10}$

❾ $\dfrac{8}{9} - \dfrac{\square}{9} > \dfrac{3}{9}$

❿ $\dfrac{14}{15} - \dfrac{\square}{15} > \dfrac{4}{15}$

1 그림을 이용하여 $\dfrac{6}{7} - \dfrac{3}{7}$ 가 얼마인지 알아보시오.

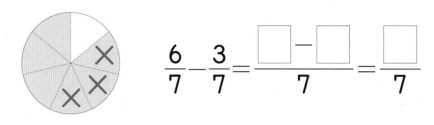

$$\dfrac{6}{7} - \dfrac{3}{7} = \dfrac{\square - \square}{7} = \dfrac{\square}{7}$$

2 가장 큰 수와 가장 작은 수의 차를 구하시오.

$$\dfrac{7}{11} \qquad \dfrac{5}{11} \qquad \dfrac{9}{11} \qquad \dfrac{10}{11}$$

3 숫자 카드 중에서 두 장을 뽑아 만들 수 있는 가장 큰 진분수와 가장 작은 진분수의 차를 구하시오.

| 5 | 1 | 4 | 8 | 9 |

4 □ 안에 들어갈 수 있는 자연수 중에서 가장 큰 수를 쓰시오.

$$\dfrac{9}{10} - \dfrac{\square}{10} > \dfrac{6}{10}$$

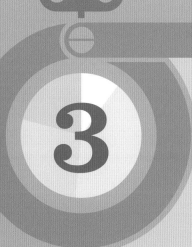

3

자연수와
분수의 계산

1에서 빼기

● 1에서 진분수를 뺍니다. □ 안에 알맞은 수를 써넣으시오.

1은 $\frac{1}{4}$이 $\boxed{4}$ 개, $\frac{3}{4}$은 $\frac{1}{4}$이 $\boxed{3}$ 개이므로

$1-\frac{3}{4}$은 $\frac{1}{4}$이 $\boxed{1}$ 개입니다.

→ $1-\frac{3}{4}=\dfrac{\boxed{1}}{\boxed{4}}$

①

1은 $\frac{1}{8}$이 $\boxed{}$ 개, $\frac{5}{8}$는 $\frac{1}{8}$이 $\boxed{}$ 개이므로

$1-\frac{5}{8}$는 $\frac{1}{8}$이 $\boxed{}$ 개입니다.

→ $1-\frac{5}{8}=\dfrac{\boxed{}}{\boxed{}}$

②

1은 $\frac{1}{9}$이 $\boxed{}$ 개, $\frac{7}{9}$은 $\frac{1}{9}$이 $\boxed{}$ 개이므로

$1-\frac{7}{9}$은 $\frac{1}{9}$이 $\boxed{}$ 개입니다.

→ $1-\frac{7}{9}=\dfrac{\boxed{}}{\boxed{}}$

③

1은 $\frac{1}{7}$이 $\boxed{}$ 개, $\frac{2}{7}$는 $\frac{1}{7}$이 $\boxed{}$ 개이므로

$1-\frac{2}{7}$는 $\frac{1}{7}$이 $\boxed{}$ 개입니다.

→ $1-\frac{2}{7}=\dfrac{\boxed{}}{\boxed{}}$

➕ 1에서 진분수를 뺍니다. □ 안에 알맞은 수를 써넣으시오.

$1 - \dfrac{3}{7} = \dfrac{\boxed{7}}{7} - \dfrac{3}{7} = \dfrac{\boxed{4}}{\boxed{7}}$

❶ $1 - \dfrac{5}{6} = \dfrac{\Box}{6} - \dfrac{5}{6} = \dfrac{\Box}{\Box}$

❷ $1 - \dfrac{7}{10} = \dfrac{\Box}{10} - \dfrac{7}{10} = \dfrac{\Box}{\Box}$

❸ $1 - \dfrac{2}{9} = \dfrac{\Box}{9} - \dfrac{2}{9} = \dfrac{\Box}{\Box}$

❹ $1 - \dfrac{8}{12} = \dfrac{\Box}{12} - \dfrac{8}{12} = \dfrac{\Box}{\Box}$

❺ $1 - \dfrac{5}{8} = \dfrac{\Box}{8} - \dfrac{5}{8} = \dfrac{\Box}{\Box}$

❻ $1 - \dfrac{4}{5} = \dfrac{\Box}{5} - \dfrac{4}{5} = \dfrac{\Box}{\Box}$

❼ $1 - \dfrac{7}{8} = \dfrac{\Box}{8} - \dfrac{7}{8} = \dfrac{\Box}{\Box}$

❽ $1 - \dfrac{1}{7} = \dfrac{\Box}{7} - \dfrac{1}{7} = \dfrac{\Box}{\Box}$

❾ $1 - \dfrac{5}{9} = \dfrac{\Box}{9} - \dfrac{5}{9} = \dfrac{\Box}{\Box}$

자연수에서 빼기

● 빼는 분수만큼 ×표 하고, □ 안에 알맞은 수를 써넣으시오.

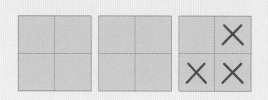

$$3 - \frac{3}{4} = \boxed{2}\ \frac{\boxed{1}}{\boxed{4}}$$

❶

$$2 - \frac{5}{6} = \boxed{}\ \frac{\boxed{}}{\boxed{}}$$

❷

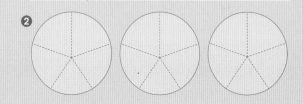

$$3 - \frac{2}{5} = \boxed{}\ \frac{\boxed{}}{\boxed{}}$$

❸

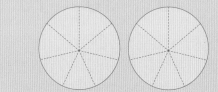

$$2 - \frac{6}{7} = \boxed{}\ \frac{\boxed{}}{\boxed{}}$$

❹

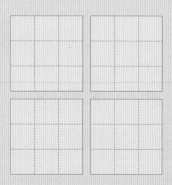

$$4 - \frac{5}{9} = \boxed{}\ \frac{\boxed{}}{\boxed{}}$$

❺

$$6 - \frac{7}{8} = \boxed{}\ \frac{\boxed{}}{\boxed{}}$$

✦ 자연수에서 1만큼을 가분수로 바꾸어 뺄셈을 하시오.

$$5 - \frac{3}{4} = \boxed{4}\,\frac{\boxed{4}}{4} - \frac{3}{4}$$

$$= \boxed{4}\,\frac{\boxed{1}}{4}$$

❶ $7 - \dfrac{5}{6} = \boxed{}\,\dfrac{\boxed{}}{6} - \dfrac{5}{6}$

$$= \boxed{}\,\dfrac{\boxed{}}{\boxed{}}$$

❷ $3 - \dfrac{2}{7} = \boxed{}\,\dfrac{\boxed{}}{7} - \dfrac{2}{7}$

$$= \boxed{}\,\dfrac{\boxed{}}{\boxed{}}$$

❸ $5 - \dfrac{2}{5} = \boxed{}\,\dfrac{\boxed{}}{5} - \dfrac{2}{5}$

$$= \boxed{}\,\dfrac{\boxed{}}{\boxed{}}$$

❹ $2 - \dfrac{7}{8} = \boxed{}\,\dfrac{\boxed{}}{8} - \dfrac{7}{8}$

$$= \boxed{}\,\dfrac{\boxed{}}{\boxed{}}$$

❺ $6 - \dfrac{3}{10} = \boxed{}\,\dfrac{\boxed{}}{10} - \dfrac{3}{10}$

$$= \boxed{}\,\dfrac{\boxed{}}{\boxed{}}$$

진분수 카드 뺄셈

● 숫자 카드를 한 번씩 사용하여 여러 가지 (자연수)−(진분수)의 뺄셈식을 만든 것입니다. □ 안에 알맞은 수를 써넣고 계산 결과가 가장 큰 것에 ○표 하시오.

카드: 6, 3, 4

$$6 - \frac{3}{4} = \boxed{5}\frac{\boxed{1}}{\boxed{4}}$$ ○

$$3 - \frac{4}{6} = \boxed{2}\frac{\boxed{2}}{\boxed{6}}$$

$$4 - \frac{3}{6} = \boxed{3}\frac{\boxed{3}}{\boxed{6}}$$

❶ 카드: 4, 7, 5

$$4 - \frac{5}{7} = \boxed{}\frac{\boxed{}}{\boxed{}}$$

$$7 - \frac{4}{5} = \boxed{}\frac{\boxed{}}{\boxed{}}$$

$$5 - \frac{4}{7} = \boxed{}\frac{\boxed{}}{\boxed{}}$$

❷ 카드: 3, 5, 2

$$3 - \frac{2}{5} = \boxed{}\frac{\boxed{}}{\boxed{}}$$

$$5 - \frac{2}{3} = \boxed{}\frac{\boxed{}}{\boxed{}}$$

$$2 - \frac{3}{5} = \boxed{}\frac{\boxed{}}{\boxed{}}$$

❸ 카드: 2, 7, 6

$$2 - \frac{6}{7} = \boxed{}\frac{\boxed{}}{\boxed{}}$$

$$7 - \frac{2}{6} = \boxed{}\frac{\boxed{}}{\boxed{}}$$

$$6 - \frac{2}{7} = \boxed{}\frac{\boxed{}}{\boxed{}}$$

✛ 숫자 카드를 한 번씩 사용하여 계산 결과가 가장 큰 (자연수)−(진분수)의 뺄셈식
   을 만들고 결과를 구하시오.

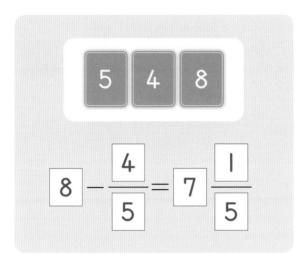

$$8 - \frac{4}{5} = 7\frac{1}{5}$$

❶

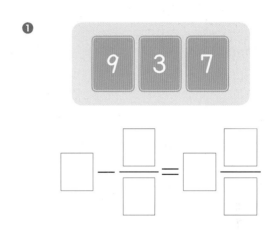

$$\Box - \frac{\Box}{\Box} = \Box\frac{\Box}{\Box}$$

❷

$$\Box - \frac{\Box}{\Box} = \Box\frac{\Box}{\Box}$$

❸

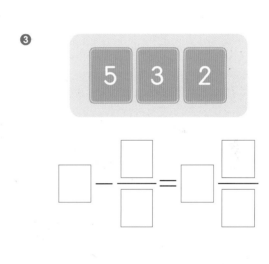

$$\Box - \frac{\Box}{\Box} = \Box\frac{\Box}{\Box}$$

❹

$$\Box - \frac{\Box}{\Box} = \Box\frac{\Box}{\Box}$$

❺

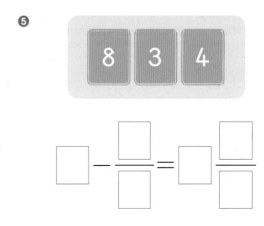

$$\Box - \frac{\Box}{\Box} = \Box\frac{\Box}{\Box}$$

자연수 사이의 분수

◑ □ 안에 들어갈 수 있는 수를 모두 구하시오.

$1 < \dfrac{3}{6} + \dfrac{\square}{6} < 2$

4 5 6 7 8

❶ $2 < \dfrac{4}{7} + \dfrac{\square}{7} < 3$

❷ $3 < \dfrac{2}{5} + \dfrac{\square}{5} < 4$

❸ $2 < \dfrac{\square}{7} - \dfrac{5}{7} < 3$

❹ $1 < \dfrac{\square}{6} - \dfrac{1}{6} < 2$

❺ $3 < \dfrac{\square}{5} - \dfrac{2}{5} < 4$

✚ □ 안에 들어갈 수 있는 수 중에서 가장 큰 수와 가장 작은 수를 구하시오.

$$1 < \frac{5}{8} + \frac{\square}{8} < 2$$

가장 큰 수 :   10

가장 작은 수 :   4

❶
$$1 < \frac{\square}{9} - \frac{3}{9} < 2$$

가장 큰 수 : _____

가장 작은 수 : _____

❷
$$2 < \frac{3}{4} + \frac{\square}{4} < 3$$

가장 큰 수 : _____

가장 작은 수 : _____

❸
$$2 < \frac{\square}{5} - \frac{2}{5} < 3$$

가장 큰 수 : _____

가장 작은 수 : _____

❹
$$3 < \frac{\square}{6} + \frac{5}{6} < 4$$

가장 큰 수 : _____

가장 작은 수 : _____

❺
$$1 < \frac{12}{5} - \frac{\square}{5} < 2$$

가장 큰 수 : _____

가장 작은 수 : _____

1 그림을 이용하여 $4-\dfrac{3}{5}$은 얼마인지 알아보시오.

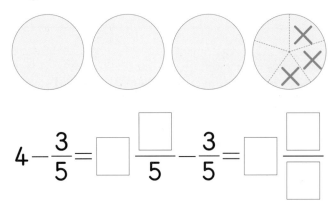

$$4-\dfrac{3}{5}=\boxed{}\dfrac{\boxed{}}{5}-\dfrac{3}{5}=\boxed{}\dfrac{\boxed{}}{\boxed{}}$$

2 어떤 자연수에서 $\dfrac{7}{10}$을 뺐더니 $1\dfrac{3}{10}$이 되었습니다. 어떤 자연수를 구하시오.

3 숫자 카드를 한 번씩 사용하여 계산 결과가 가장 큰 (자연수) − (진분수)의 뺄셈
식을 만들고 결과를 구하시오.

2   3   4

4 □ 안에 들어갈 수 있는 수를 모두 구하시오.

$$2<\dfrac{3}{4}+\dfrac{\boxed{}}{4}<4$$

4 분수의 덧셈과 뺄셈

두 분수의 합과 차

● 두 분수의 합과 차를 구하는 식을 쓰고, 진분수나 대분수로 결과를 나타내시오.

$\dfrac{9}{10}$ $\dfrac{2}{10}$

합 : $\dfrac{9}{10} + \dfrac{2}{10} = \dfrac{11}{10} = 1\dfrac{1}{10}$

차 : $\dfrac{9}{10} - \dfrac{2}{10} = \dfrac{7}{10}$

❶ $\dfrac{7}{8}$ $\dfrac{3}{8}$

합 : _____

차 : _____

❷ $\dfrac{7}{11}$ $\dfrac{1}{11}$

합 : _____

차 : _____

❸ $\dfrac{6}{9}$ $\dfrac{2}{9}$

합 : _____

차 : _____

❹ $\dfrac{6}{7}$ $\dfrac{2}{7}$

합 : _____

차 : _____

❺ $\dfrac{9}{12}$ $\dfrac{6}{12}$

합 : _____

차 : _____

✚ 두 분수를 구하고 합과 차에 맞는 덧셈식과 뺄셈식을 쓰시오

분모가 8인 진분수입니다. 합이 $\frac{7}{8}$이고 차가 $\frac{3}{8}$입니다.

$\boxed{\dfrac{5}{8}}$ $\boxed{\dfrac{2}{8}}$ $\dfrac{5}{8}+\dfrac{2}{8}=\dfrac{7}{8},\ \dfrac{5}{8}-\dfrac{2}{8}=\dfrac{3}{8}$

❶ 분모가 9인 진분수입니다. 합이 $\frac{8}{9}$이고 차가 $\frac{2}{9}$입니다.

❷ 분모가 6인 진분수입니다. 합이 $1\frac{3}{6}$이고 차가 $\frac{1}{6}$입니다.

❸ 분모가 10인 진분수입니다. 합이 $1\frac{3}{10}$이고 차가 $\frac{5}{10}$입니다.

세 분수의 덧셈과 뺄셈

◑ □ 안에 알맞은 수를 써넣으시오.

$$\frac{3}{10}+\frac{7}{10}-\frac{5}{10}=\frac{\boxed{3}+\boxed{7}-\boxed{5}}{10}=\frac{\boxed{5}}{10}$$

① $$\frac{7}{11}-\frac{3}{11}+\frac{6}{11}=\frac{\boxed{}-\boxed{}+\boxed{}}{11}=\frac{\boxed{}}{11}$$

② $$\frac{2}{9}+\frac{4}{9}+\frac{1}{9}=\frac{\boxed{}+\boxed{}+\boxed{}}{9}=\frac{\boxed{}}{9}$$

③ $$\frac{11}{12}-\frac{4}{12}-\frac{3}{12}=\frac{\boxed{}-\boxed{}-\boxed{}}{12}=\frac{\boxed{}}{12}$$

④ $$\frac{9}{15}-\frac{1}{15}+\frac{3}{15}=\frac{\boxed{}-\boxed{}+\boxed{}}{15}=\frac{\boxed{}}{15}$$

⑤ $$\frac{7}{13}+\frac{6}{13}-\frac{2}{13}=\frac{\boxed{}+\boxed{}-\boxed{}}{13}=\frac{\boxed{}}{13}$$

⑥ $$\frac{9}{10}-\frac{2}{10}-\frac{5}{10}=\frac{\boxed{}-\boxed{}-\boxed{}}{10}=\frac{\boxed{}}{10}$$

✚ □ 안에 알맞은 수를 써넣으시오.

$$\frac{7}{11} - \frac{4}{11} + \frac{\boxed{6}}{11} = \frac{9}{11}$$

❶ $\dfrac{9}{13} + \dfrac{6}{13} - \dfrac{\boxed{}}{13} = \dfrac{11}{13}$

❷ $\dfrac{\boxed{}}{9} - \dfrac{2}{9} - \dfrac{3}{9} = \dfrac{3}{9}$

❸ $\dfrac{3}{10} + \dfrac{\boxed{}}{10} + \dfrac{1}{10} = \dfrac{7}{10}$

❹ $\dfrac{4}{15} + \dfrac{\boxed{}}{15} - \dfrac{7}{15} = \dfrac{10}{15}$

❺ $\dfrac{\boxed{}}{8} - \dfrac{3}{8} + \dfrac{1}{8} = \dfrac{5}{8}$

❻ $\dfrac{11}{12} - \dfrac{7}{12} - \dfrac{\boxed{}}{12} = \dfrac{1}{12}$

❼ $\dfrac{6}{13} + \dfrac{2}{13} + \dfrac{\boxed{}}{13} = \dfrac{10}{13}$

❽ $\dfrac{\boxed{}}{18} - \dfrac{3}{18} + \dfrac{9}{18} = \dfrac{11}{18}$

❾ $\dfrac{4}{9} + \dfrac{\boxed{}}{9} - \dfrac{3}{9} = \dfrac{7}{9}$

❿ $\dfrac{3}{15} + \dfrac{\boxed{}}{15} + \dfrac{2}{15} = \dfrac{14}{15}$

⓫ $\dfrac{\boxed{}}{16} - \dfrac{2}{16} - \dfrac{10}{16} = \dfrac{1}{16}$

진분수 문장제

◑ 식을 쓰고 답을 진분수 또는 대분수로 나타내시오.

끈 **3**m를 사서 선물을 포장하는데 $\frac{3}{7}$m를 사용하였습니다. 남은 끈의 길이는 몇 m입니까?

식 : $3 - \frac{3}{7} = 2\frac{4}{7}$(m) 답 : $2\frac{4}{7}$ m

❶ 파란색 페인트 $\frac{2}{7}$L와 흰색 페인트 $\frac{3}{7}$L를 섞어서 하늘색 페인트를 만들었습니다. 만들어진 하늘색 페인트는 모두 몇 L입니까?

식 : ＿＿＿＿＿＿＿＿＿＿ 답 : ＿＿＿ L

❷ 승호는 어제 $\frac{5}{6}$시간 동안 운동을 했고, 오늘은 $\frac{3}{6}$시간 동안 운동을 했습니다. 승호는 어제 오늘보다 몇 시간 더 운동을 했습니까?

식 : ＿＿＿＿＿＿＿＿＿＿ 답 : ＿＿＿ 시간

❸ 소희는 색종이를 **5**장 가지고 있었습니다. 카네이션을 만드는데 $\frac{3}{4}$장을 사용하였다면 쓰고 남은 색종이는 몇 장입니까?

식 : ＿＿＿＿＿＿＿＿＿＿ 답 : ＿＿＿ 장

✚ 식을 쓰고 답을 진분수 또는 대분수로 나타내시오.

연주는 책을 어제까지 전체의 $\dfrac{2}{8}$만큼 읽고, 오늘은 전체의 $\dfrac{3}{8}$만큼 읽었습니다. 전체의 얼마만큼을 더 읽어야 책을 모두 읽게 됩니까?

식 : $1 - \dfrac{2}{8} - \dfrac{3}{8} = \dfrac{3}{8}$ 답 : $\dfrac{3}{8}$

❶ 정호는 그제 $\dfrac{2}{12}$시간, 어제 $\dfrac{3}{12}$시간, 오늘은 $\dfrac{4}{12}$시간 동안 산책을 하였습니다. 정호는 3일 동안 산책을 몇 시간 하였습니까?

식 :   답 :   시간

❷ 민주네 가족은 지난 주 콩을 $\dfrac{3}{10}$kg 먹었고, 이번 주에는 지난 주보다 $\dfrac{1}{10}$kg 더 먹었습니다. 지난 주와 이번 주에 먹은 콩은 모두 몇 kg입니까?

식 :   답 :   kg

❸ 길이가 5cm인 테이프 2개를 $\dfrac{1}{3}$cm 겹쳐 이어 붙였습니다. 이어 붙인 테이프의 전체 길이는 몇 cm입니까?

식 :   답 :   cm

바르게 계산하기

◑ 어떤 수를 구하는 식과 답을 쓰시오.

어떤 수에 $\frac{3}{7}$을 더했더니 $\frac{5}{7}$가 되었습니다.

식 : $\square + \frac{3}{7} = \frac{5}{7}$ 어떤 수 : $\frac{2}{7}$

❶ 어떤 수에서 $\frac{3}{10}$을 뺐더니 $\frac{4}{10}$가 되었습니다.

식 : _____   어떤 수 : _____

❷ $\frac{7}{11}$에서 어떤 수를 뺐더니 $\frac{4}{11}$가 되었습니다.

식 : _____   어떤 수 : _____

❸ $\frac{3}{8}$에 어떤 수를 더했더니 $\frac{6}{8}$이 되었습니다.

식 : _____   어떤 수 : _____

❹ 어떤 수와 $\frac{3}{9}$의 합은 $\frac{7}{9}$입니다.

식 : _____   어떤 수 : _____

✿ 어떤 수를 구하고, 물음에 답하시오.

어떤 수에서 $\dfrac{2}{7}$를 빼야할 것을 잘못하여 더했더니 $\dfrac{6}{7}$이 되었습니다. 바르게 계산하면 얼마입니까?

어떤 수 :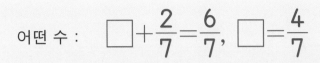

$$\square + \dfrac{2}{7} = \dfrac{6}{7}, \quad \square = \dfrac{4}{7}$$

바른 계산 : $\dfrac{4}{7} - \dfrac{2}{7} = \dfrac{2}{7}$

❶ 어떤 수에 $\dfrac{3}{11}$을 더해야 할 것을 잘못하여 뺐더니 $\dfrac{4}{11}$가 되었습니다. 바르게 계산하면 얼마입니까?

어떤 수 : _____

바른 계산 : _____

❷ 어떤 수에 $\dfrac{3}{8}$을 더해야 할 것을 잘못하여 $\dfrac{5}{8}$를 더하였더니 $\dfrac{7}{8}$이 되었습니다. 바르게 계산하면 얼마입니까?

어떤 수 : _____

바른 계산 : _____

❸ 어떤 수에서 $\dfrac{3}{10}$을 빼야 할 것을 잘못하여 $\dfrac{2}{10}$를 뺐더니 $\dfrac{5}{10}$가 되었습니다. 바르게 계산하면 얼마입니까?

어떤 수 : _____

바른 계산 : _____

1 분모가 **9**인 진분수가 두 개 있습니다. 합이 **1**이고 차가 $\frac{3}{9}$인 두 진분수를 구하시오.

2 종호와 진우는 함께 조각 퍼즐을 맞추고 있습니다. 종호는 전체의 $\frac{3}{8}$을, 진우는 전체의 $\frac{2}{8}$를 맞추었습니다. 종호와 진우가 맞춘 조각 퍼즐은 전체의 얼마입니까?

3 어떤 수에서 $\frac{3}{10}$을 빼야할 것을 잘못하여 더하였더니 $\frac{7}{10}$이 되었습니다. 바르게 계산하면 얼마입니까?

4 집에서 학교까지의 거리는 몇 km입니까?

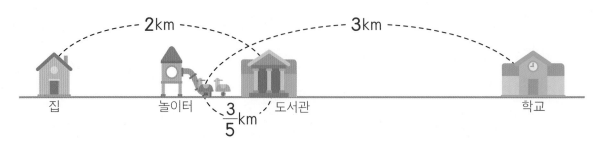

5

대분수의 덧셈

대분수의 덧셈

◑ 알맞게 색칠하고, 분수의 덧셈을 하시오.

$2\dfrac{3}{4}+1\dfrac{2}{4}=\boxed{4}\,\dfrac{\boxed{1}}{4}$

❶

$3\dfrac{2}{5}+1\dfrac{4}{5}=\boxed{}\,\dfrac{\boxed{}}{\boxed{}}$

❷

$1\dfrac{5}{6}+2\dfrac{1}{6}=\boxed{}$

❸

$2\dfrac{2}{3}+2\dfrac{2}{3}=\boxed{}\,\dfrac{\boxed{}}{\boxed{}}$

◈ ☐ 안에 알맞은 수를 써넣으시오.

$3\dfrac{3}{7}+4\dfrac{6}{7}=(\boxed{3}+\boxed{4})+(\dfrac{\boxed{3}}{7}+\dfrac{\boxed{6}}{7})$

$=\boxed{7}+\boxed{1}\dfrac{2}{7}=\boxed{8}\dfrac{2}{7}$

❶ $3\dfrac{2}{9}+3\dfrac{5}{9}=(\boxed{}+\boxed{})+(\dfrac{\boxed{}}{9}+\dfrac{\boxed{}}{9})$

$=\boxed{}+\dfrac{\boxed{}}{9}=\boxed{}\dfrac{\boxed{}}{\boxed{}}$

❷ $4\dfrac{5}{8}+1\dfrac{6}{8}=(\boxed{}+\boxed{})+(\dfrac{\boxed{}}{8}+\dfrac{\boxed{}}{8})$

$=\boxed{}+\boxed{}\dfrac{\boxed{}}{8}=\boxed{}\dfrac{\boxed{}}{8}$

❸ $2\dfrac{3}{10}+5\dfrac{6}{10}=(\boxed{}+\boxed{})+(\dfrac{\boxed{}}{10}+\dfrac{\boxed{}}{10})$

$=\boxed{}+\dfrac{\boxed{}}{10}=\boxed{}\dfrac{\boxed{}}{\boxed{}}$

● □ 안에 알맞은 수를 써넣으시오.

$2\frac{1}{3}$은 $\frac{1}{3}$이 $\boxed{7}$ 개,

$5\frac{1}{3}$은 $\frac{1}{3}$이 $\boxed{16}$ 개이므로

$2\frac{1}{3}+5\frac{1}{3}$은

$\frac{1}{3}$이 $\boxed{23}$ 개입니다.

$$2\frac{1}{3}+5\frac{1}{3}=\frac{\boxed{23}}{3}=\boxed{7}\frac{\boxed{2}}{3}$$

❶

$3\frac{2}{5}$는 $\frac{1}{5}$이 $\boxed{}$ 개,

$2\frac{2}{5}$는 $\frac{1}{5}$이 $\boxed{}$ 개이므로

$3\frac{2}{5}+2\frac{2}{5}$는

$\frac{1}{5}$이 $\boxed{}$ 개입니다.

$$3\frac{2}{5}+2\frac{2}{5}=\frac{\boxed{}}{5}=\boxed{}\frac{\boxed{}}{5}$$

❷

$1\frac{1}{6}$은 $\frac{1}{6}$이 $\boxed{}$ 개,

$3\frac{4}{6}$는 $\frac{1}{6}$이 $\boxed{}$ 개이므로

$1\frac{1}{6}+3\frac{4}{6}$는

$\frac{1}{6}$이 $\boxed{}$ 개입니다.

$$1\frac{1}{6}+3\frac{4}{6}=\frac{\boxed{}}{6}=\boxed{}\frac{\boxed{}}{6}$$

❸

$4\frac{6}{7}$은 $\frac{1}{7}$이 $\boxed{}$ 개,

$2\frac{5}{7}$는 $\frac{1}{7}$이 $\boxed{}$ 개이므로

$4\frac{6}{7}+2\frac{5}{7}$는

$\frac{1}{7}$이 $\boxed{}$ 개입니다.

$$4\frac{6}{7}+2\frac{5}{7}=\frac{\boxed{}}{7}=\boxed{}\frac{\boxed{}}{7}$$

⊕ □ 안에 알맞은 수를 써넣으시오.

$$1\frac{2}{5}+2\frac{4}{5}=\frac{\boxed{7}}{5}+\frac{\boxed{14}}{5}=\frac{\boxed{21}}{5}=\boxed{4}\frac{\boxed{1}}{5}$$

❶ $3\dfrac{4}{7}+3\dfrac{5}{7}=\dfrac{\square}{7}+\dfrac{\square}{7}=\dfrac{\square}{7}=\square\dfrac{\square}{7}$

❷ $2\dfrac{1}{3}+4\dfrac{1}{3}=\dfrac{\square}{3}+\dfrac{\square}{3}=\dfrac{\square}{3}=\square\dfrac{\square}{3}$

❸ $2\dfrac{1}{4}+5\dfrac{2}{4}=\dfrac{\square}{4}+\dfrac{\square}{4}=\dfrac{\square}{4}=\square\dfrac{\square}{4}$

❹ $3\dfrac{4}{6}+2\dfrac{3}{6}=\dfrac{\square}{6}+\dfrac{\square}{6}=\dfrac{\square}{6}=\square\dfrac{\square}{6}$

❺ $1\dfrac{3}{8}+5\dfrac{6}{8}=\dfrac{\square}{8}+\dfrac{\square}{8}=\dfrac{\square}{8}=\square\dfrac{\square}{8}$

❻ $2\dfrac{6}{7}+1\dfrac{4}{7}=\dfrac{\square}{7}+\dfrac{\square}{7}=\dfrac{\square}{7}=\square\dfrac{\square}{7}$

덧셈 상자

● 빈칸에 알맞은 수를 써넣으시오.

+	$\frac{4}{5}$	$1\frac{1}{5}$
3	$3\frac{4}{5}$	$4\frac{1}{5}$
$3\frac{2}{5}$	$4\frac{1}{5}$	$4\frac{3}{5}$

❶

+	$\frac{5}{6}$	$1\frac{3}{6}$
2		
$2\frac{2}{6}$		

❷

+	$\frac{5}{7}$	$2\frac{2}{7}$
4		
$3\frac{4}{7}$		

❸

+	$\frac{7}{8}$	$2\frac{3}{8}$
3		
$2\frac{4}{8}$		

❹

+	$\frac{3}{4}$	$3\frac{1}{4}$
2		
$4\frac{2}{4}$		

❺

+	$\frac{4}{7}$	$1\frac{6}{7}$
5		
$5\frac{2}{7}$		

빈칸에 알맞은 수를 써넣으시오.

$+$	$\frac{1}{5}$	$3\frac{4}{5}$
2	$2\frac{1}{5}$	$5\frac{4}{5}$
$2\frac{3}{5}$	$2\frac{4}{5}$	$6\frac{2}{5}$

❶

$+$		$2\frac{4}{9}$
		$6\frac{4}{9}$
$1\frac{6}{9}$	$1\frac{8}{9}$	

❷

$+$		$1\frac{4}{7}$
$3\frac{5}{7}$	$7\frac{5}{7}$	
		$2\frac{3}{7}$

❸

$+$	$2\frac{6}{8}$	
	$3\frac{1}{8}$	
$1\frac{3}{8}$		$4\frac{3}{8}$

❹

$+$	$4\frac{2}{6}$	
	$5\frac{1}{6}$	
$2\frac{3}{6}$		$4\frac{3}{6}$

❺

$+$		$3\frac{5}{7}$
$1\frac{3}{7}$	$1\frac{4}{7}$	
		$6\frac{5}{7}$

대분수 카드 덧셈

숫자 카드를 한 번씩 모두 사용하여 덧셈식을 완성하시오.

$$2 \frac{4}{7} + 3 \frac{5}{7} = 6 \frac{2}{7}$$

①

$$\square \frac{\square}{8} + \square \frac{\square}{8} = 8 \frac{5}{8}$$

②

$$\square \frac{\square}{6} + \square \frac{\square}{6} = 8 \frac{5}{6}$$

③

$$\square \frac{\square}{5} + \square \frac{\square}{5} = 4 \frac{2}{5}$$

④

$$\square \frac{\square}{9} + \square \frac{\square}{9} = 12 \frac{6}{9}$$

⑤

$$\square \frac{\square}{8} + \square \frac{\square}{8} = 8 \frac{1}{8}$$

✜ 숫자 카드를 한 번씩 모두 사용하여 합이 가장 큰 덧셈식을 만들고, 결과를 구하
시오.

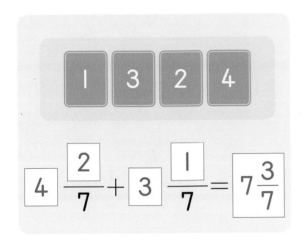

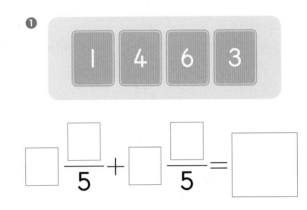

①

$$\square \dfrac{\square}{5} + \square \dfrac{\square}{5} = \boxed{}$$

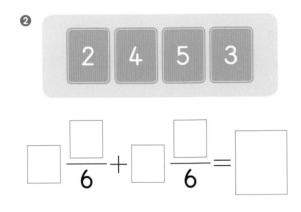

②

$$\square \dfrac{\square}{6} + \square \dfrac{\square}{6} = \boxed{}$$

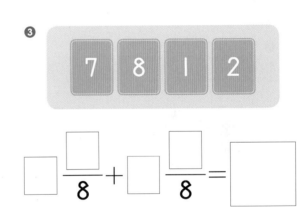

③

$$\square \dfrac{\square}{8} + \square \dfrac{\square}{8} = \boxed{}$$

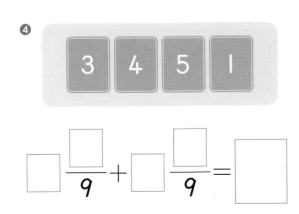

④

$$\square \dfrac{\square}{9} + \square \dfrac{\square}{9} = \boxed{}$$

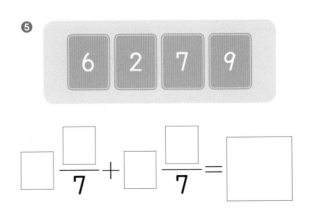

⑤

$$\square \dfrac{\square}{7} + \square \dfrac{\square}{7} = \boxed{}$$

잘 공부했는지 알아봅시다

1 계산 결과가 같은 것끼리 선으로 이으시오.

$3 + \dfrac{2}{7}$ •

$2\dfrac{5}{7} + \dfrac{5}{7}$ •

$1\dfrac{2}{7} + 2\dfrac{2}{7}$ •

• $1\dfrac{2}{7} + 2\dfrac{1}{7}$

• $2\dfrac{4}{7} + 1$

• $1\dfrac{4}{7} + 1\dfrac{5}{7}$

2 두 대분수의 합을 빈칸에 써넣으시오.

❶

$5\dfrac{2}{8}$ $5\dfrac{3}{8}$

❷ $6\dfrac{6}{7}$ $2\dfrac{3}{7}$

3 숫자 카드를 한 번씩 모두 사용하여 다음 식을 완성하시오.

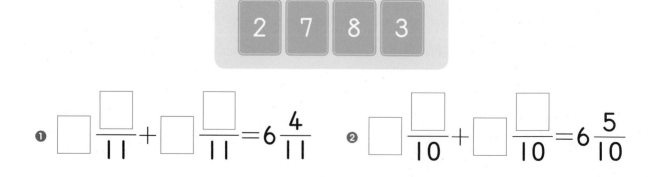

| 2 | 7 | 8 | 3 |

❶ $\boxed{}\dfrac{\boxed{}}{11} + \boxed{}\dfrac{\boxed{}}{11} = 6\dfrac{4}{11}$

❷ $\boxed{}\dfrac{\boxed{}}{10} + \boxed{}\dfrac{\boxed{}}{10} = 6\dfrac{5}{10}$

6 자연수와 대분수의 계산

합이 자연수인 대분수

● 두 대분수의 합이 자연수가 되는 것에 ○표, 아닌 것에 ✕표 하시오.

$2\dfrac{3}{7}+3\dfrac{4}{7}$ (○)

$1\dfrac{3}{7}+2\dfrac{3}{7}$ (✕)

❶ $2\dfrac{2}{6}+2\dfrac{5}{6}$ ( )

$3\dfrac{1}{6}+4\dfrac{5}{6}$ ( )

❷ $7\dfrac{1}{9}+2\dfrac{8}{9}$ ( )

$6\dfrac{2}{9}+3\dfrac{4}{9}$ ( )

❸ $4\dfrac{2}{5}+3\dfrac{2}{5}$ ( )

$5\dfrac{4}{5}+2\dfrac{1}{5}$ ( )

❹ $2\dfrac{3}{8}+3\dfrac{5}{8}$ ( )

$4\dfrac{2}{8}+3\dfrac{4}{8}$ ( )

❺ $6\dfrac{1}{2}+3\dfrac{1}{2}$ ( )

$2\dfrac{1}{3}+3\dfrac{1}{3}$ ( )

❻ $7\dfrac{3}{10}+3\dfrac{6}{10}$ ( )

$2\dfrac{5}{10}+3\dfrac{5}{10}$ ( )

❼ $5\dfrac{2}{4}+3\dfrac{3}{4}$ ( )

$6\dfrac{1}{4}+7\dfrac{3}{4}$ ( )

✚ 합이 자연수가 되는 두 대분수에 ◯표 하고, 그 합을 □ 안에 써넣으시오.

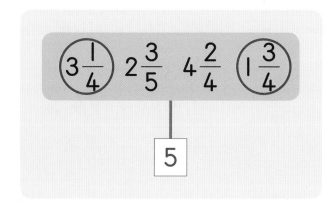

$$\left(3\frac{1}{4}\right) \quad 2\frac{3}{5} \quad 4\frac{2}{4} \quad \left(1\frac{3}{4}\right)$$

$$\boxed{5}$$

❶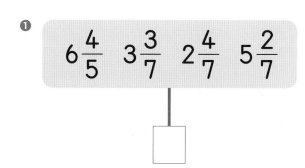

$$6\frac{4}{5} \quad 3\frac{3}{7} \quad 2\frac{4}{7} \quad 5\frac{2}{7}$$

❷

$$1\frac{1}{7} \quad 3\frac{1}{8} \quad 2\frac{5}{8} \quad 4\frac{7}{8}$$

❸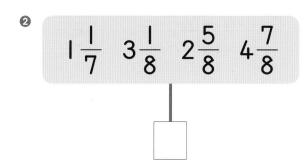

$$2\frac{3}{9} \quad 2\frac{6}{9} \quad 3\frac{5}{9} \quad 4\frac{5}{8}$$

❹

$$7\frac{3}{10} \quad 2\frac{7}{12} \quad 4\frac{5}{10} \quad 3\frac{7}{10}$$

❺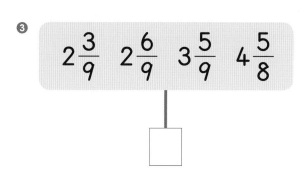

$$8\frac{1}{3} \quad 7\frac{1}{4} \quad 6\frac{2}{3} \quad 5\frac{3}{5}$$

❻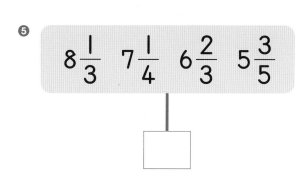

$$1\frac{1}{6} \quad 3\frac{2}{6} \quad 3\frac{5}{7} \quad 5\frac{4}{6}$$

❼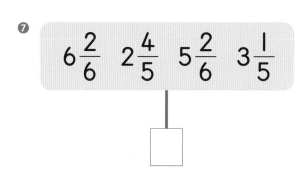

$$6\frac{2}{6} \quad 2\frac{4}{5} \quad 5\frac{2}{6} \quad 3\frac{1}{5}$$

662 자연수에서 대분수 빼기

● 빼는 대분수만큼 지우고, □ 안에 알맞은 수를 써넣으시오.

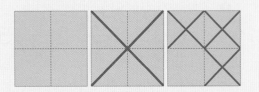

$$3 - 1\frac{3}{4} = \boxed{1}\frac{\boxed{1}}{4}$$

❶

$$4 - 2\frac{2}{5} = \boxed{}\frac{\boxed{}}{5}$$

❷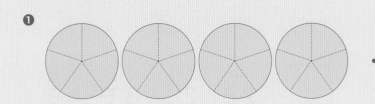

$$5 - 1\frac{1}{6} = \boxed{}\frac{\boxed{}}{6}$$

❸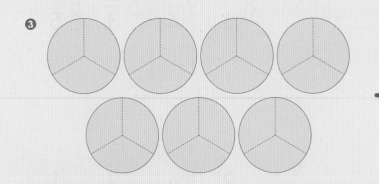

$$7 - 4\frac{1}{3} = \boxed{}\frac{\boxed{}}{3}$$

❹

$$3 - 1\frac{3}{8} = \boxed{}\frac{\boxed{}}{8}$$

● □ 안에 알맞은 수를 써넣으시오.

$5 - 2\frac{2}{5} = \boxed{4}\frac{\boxed{5}}{5} - 2\frac{2}{5}$

$= \boxed{2}\frac{\boxed{3}}{5}$

❶ $3 - 1\frac{1}{7} = \boxed{}\frac{\boxed{}}{7} - 1\frac{1}{7}$

$= \boxed{}\frac{\boxed{}}{7}$

❷ $4 - 2\frac{3}{8} = \boxed{}\frac{\boxed{}}{8} - 2\frac{3}{8}$

$= \boxed{}\frac{\boxed{}}{8}$

❸ $7 - 3\frac{4}{6} = \boxed{}\frac{\boxed{}}{6} - 3\frac{4}{6}$

$= \boxed{}\frac{\boxed{}}{6}$

❹ $5 - 3\frac{1}{2} = \boxed{}\frac{\boxed{}}{2} - 3\frac{1}{2}$

$= \boxed{}\frac{\boxed{}}{2}$

❺ $6 - 4\frac{2}{3} = \boxed{}\frac{\boxed{}}{3} - 4\frac{2}{3}$

$= \boxed{}\frac{\boxed{}}{3}$

❻ $9 - 4\frac{3}{7} = \boxed{}\frac{\boxed{}}{7} - 4\frac{3}{7}$

$= \boxed{}\frac{\boxed{}}{7}$

❼ $8 - 3\frac{4}{5} = \boxed{}\frac{\boxed{}}{5} - 3\frac{4}{5}$

$= \boxed{}\frac{\boxed{}}{5}$

가장 큰 뺄셈식

● 숫자 카드를 한 번씩 사용하여 만든 여러 가지 (자연수) − (대분수)의 뺄셈식을 계산하고, 결과가 가장 큰 것에 ○표 하시오.

3	4
5	7

$$5 - 4\frac{3}{7} = \frac{4}{7}$$

$$7 - 3\frac{4}{5} = 3\frac{1}{5}$$

$$7 - 5\frac{3}{4} = 1\frac{1}{4}$$

$$4 - 3\frac{5}{7} = \frac{2}{7}$$

❶

1	4
5	8

$$8 - 5\frac{1}{4} = \boxed{}\frac{\boxed{}}{}$$

$$8 - 4\frac{1}{5} = \boxed{}\frac{\boxed{}}{}$$

$$5 - 4\frac{1}{8} = \frac{\boxed{}}{\boxed{}}$$

$$4 - 1\frac{5}{8} = \boxed{}\frac{\boxed{}}{}$$

❷

2	3
6	7

$$7 - 2\frac{3}{6} = \boxed{}\frac{\boxed{}}{}$$

$$3 - 2\frac{6}{7} = \frac{\boxed{}}{\boxed{}}$$

$$7 - 6\frac{2}{3} = \frac{\boxed{}}{\boxed{}}$$

$$6 - 3\frac{2}{7} = \boxed{}\frac{\boxed{}}{}$$

❖ 숫자 카드를 한 번씩 사용하여 계산 결과가 가장 큰 (자연수)−(대분수)의 뺄셈 식을 만들고 결과를 구하시오.

3　4　5　6

$$6 - 3\frac{4}{5} = 2\frac{1}{5}$$

❶

❷

❸

❹

❺

분수의 합과 차

● 자연수와 대분수의 합과 차를 구하고, 구한 합과 차를 더하시오.

$4+2\dfrac{1}{4}=\boxed{6\dfrac{1}{4}}$

$\boxed{+}\quad\boxed{8}$

$4-2\dfrac{1}{4}=\boxed{1\dfrac{3}{4}}$

❶ $5+3\dfrac{1}{3}=\boxed{}$

$\boxed{+}\quad\boxed{}$

$5-3\dfrac{1}{3}=\boxed{}$

❷ $3+1\dfrac{2}{5}=\boxed{}$

$\boxed{+}\quad\boxed{}$

$3-1\dfrac{2}{5}=\boxed{}$

❸ $6+2\dfrac{5}{6}=\boxed{}$

$\boxed{+}\quad\boxed{}$

$6-2\dfrac{5}{6}=\boxed{}$

❹ $4+2\dfrac{2}{7}=\boxed{}$

$\boxed{+}\quad\boxed{}$

$4-2\dfrac{2}{7}=\boxed{}$

❺ $3+1\dfrac{3}{8}=\boxed{}$

$\boxed{+}\quad\boxed{}$

$3-1\dfrac{3}{8}=\boxed{}$

❻ $7+3\dfrac{1}{2}=\boxed{}$

$\boxed{+}\quad\boxed{}$

$7-3\dfrac{1}{2}=\boxed{}$

❼ $5+3\dfrac{3}{5}=\boxed{}$

$\boxed{+}\quad\boxed{}$

$5-3\dfrac{3}{5}=\boxed{}$

◆ ◆는 자연수, ★는 대분수입니다. 합과 차를 보고, ◆와 ★의 값을 각각 구하시오.

$$◆ + ★ = 4\frac{2}{3}$$

$$◆ - ★ = 1\frac{1}{3}$$

$$◆ = \boxed{3} \qquad ★ = \boxed{1\frac{2}{3}}$$

❶

$$◆ + ★ = 7\frac{3}{5}$$

$$◆ - ★ = 2\frac{2}{5}$$

$$◆ = \boxed{} \qquad ★ = \boxed{}$$

❷

$$◆ + ★ = 5\frac{3}{4}$$

$$◆ - ★ = 2\frac{1}{4}$$

$$◆ = \boxed{} \qquad ★ = \boxed{}$$

❸

$$◆ + ★ = 8\frac{4}{7}$$

$$◆ - ★ = 3\frac{3}{7}$$

$$◆ = \boxed{} \qquad ★ = \boxed{}$$

❹

$$◆ + ★ = 4\frac{7}{10}$$

$$◆ - ★ = 1\frac{3}{10}$$

$$◆ = \boxed{} \qquad ★ = \boxed{}$$

❺

$$◆ + ★ = 5\frac{3}{9}$$

$$◆ - ★ = \frac{6}{9}$$

$$◆ = \boxed{} \qquad ★ = \boxed{}$$

1 **4**를 분모가 **5**인 두 대분수의 합으로 나타내면 다음과 같습니다.

$$4=1\frac{1}{5}+2\frac{4}{5} \qquad 4=1\frac{2}{5}+2\frac{3}{5}$$

$$4=1\frac{3}{5}+2\frac{2}{5} \qquad 4=1\frac{4}{5}+2\frac{1}{5}$$

4를 분모가 **3**인 두 대분수의 합으로 나타내시오. 단, 더하는 두 수의 순서가 바뀐 것은 같은 것으로 봅니다.

2 자연수와 대분수가 각각 **1**개씩 있습니다. 자연수에 대분수를 더하면 $6\frac{2}{3}$이고, 자연수에서 대분수를 빼면 $3\frac{1}{3}$입니다. 자연수와 대분수를 구하시오.

3 숫자 카드를 한 번씩 사용하여 계산 결과가 가장 큰 (자연수) — (대분수)의 뺄셈 식을 만들고 결과를 구하시오.

7 대분수의 뺄셈

대분수의 뺄셈

● 그림에서 빼는 분수만큼 ✕로 지우고 분수의 뺄셈을 하시오.

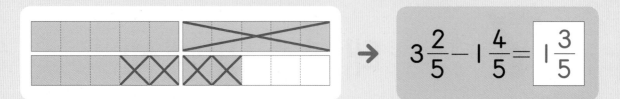

$$3\frac{2}{5} - 1\frac{4}{5} = \boxed{1\frac{3}{5}}$$

❶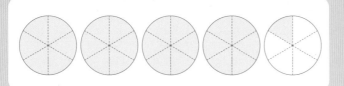

$$4\frac{1}{6} - 2\frac{2}{6} = \boxed{}$$

❷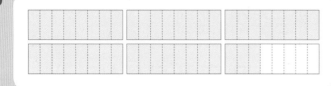

$$5\frac{3}{8} - 3\frac{5}{8} = \boxed{}$$

❸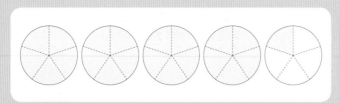

$$4\frac{1}{5} - 2\frac{2}{5} = \boxed{}$$

❹

$$5\frac{1}{3} - 3\frac{2}{3} = \boxed{}$$

❹ □ 안에 알맞은 수를 써넣으시오.

$$4\frac{3}{8}-2\frac{6}{8}=3\frac{\boxed{11}}{8}-2\frac{6}{8}$$

$$=(\boxed{3}-\boxed{2})+(\frac{\boxed{11}}{8}-\frac{\boxed{6}}{8})$$

$$=\boxed{1}+\frac{\boxed{5}}{8}=\boxed{1}\frac{\boxed{5}}{8}$$

❶

$$5\frac{2}{7}-3\frac{5}{7}=4\frac{\boxed{}}{7}-3\frac{5}{7}$$

$$=(\boxed{}-\boxed{})+(\frac{\boxed{}}{7}-\frac{5}{7})$$

$$=\boxed{}+\frac{\boxed{}}{7}=\boxed{}\frac{\boxed{}}{7}$$

❷

$$6\frac{1}{3}-3\frac{2}{3}-5\frac{\boxed{}}{3}-3\frac{2}{3}$$

$$=(\boxed{}-\boxed{})+(\frac{\boxed{}}{3}-\frac{\boxed{}}{3})$$

$$=\boxed{}+\frac{\boxed{}}{3}=\boxed{}\frac{\boxed{}}{3}$$

666 가분수로 고쳐 뺄셈하기

● ☐ 안에 알맞은 수를 써넣으시오.

$4\dfrac{1}{4}$ 은 $\dfrac{1}{4}$ 이 $\boxed{17}$ 개,

$1\dfrac{2}{4}$ 는 $\dfrac{1}{4}$ 이 $\boxed{6}$ 개이므로

$4\dfrac{1}{4} - 1\dfrac{2}{4}$ 는

$\dfrac{1}{4}$ 이 $\boxed{11}$ 개입니다.

$$4\dfrac{1}{4} - 1\dfrac{2}{4} = \dfrac{\boxed{11}}{4} = \boxed{2}\dfrac{\boxed{3}}{4}$$

❶

$5\dfrac{2}{6}$ 는 $\dfrac{1}{6}$ 이 $\boxed{}$ 개,

$3\dfrac{3}{6}$ 은 $\dfrac{1}{6}$ 이 $\boxed{}$ 개이므로

$5\dfrac{2}{6} - 3\dfrac{3}{6}$ 은

$\dfrac{1}{6}$ 이 $\boxed{}$ 개입니다.

$$5\dfrac{2}{6} - 3\dfrac{3}{6} = \dfrac{\boxed{}}{6} = \boxed{}\dfrac{\boxed{}}{6}$$

❷

$7\dfrac{2}{5}$ 는 $\dfrac{1}{5}$ 이 $\boxed{}$ 개,

$2\dfrac{2}{5}$ 는 $\dfrac{1}{5}$ 이 $\boxed{}$ 개이므로

$7\dfrac{2}{5} - 2\dfrac{2}{5}$ 는

$\dfrac{1}{5}$ 이 $\boxed{}$ 개입니다.

$$7\dfrac{2}{5} - 2\dfrac{2}{5} = \dfrac{\boxed{}}{5} = \boxed{}$$

❸

$6\dfrac{2}{10}$ 는 $\dfrac{1}{10}$ 이 $\boxed{}$ 개,

$4\dfrac{5}{10}$ 는 $\dfrac{1}{10}$ 이 $\boxed{}$ 개이므로

$6\dfrac{2}{10} - 4\dfrac{5}{10}$ 는

$\dfrac{1}{10}$ 이 $\boxed{}$ 개입니다.

$$6\dfrac{2}{10} - 4\dfrac{5}{10} = \dfrac{\boxed{}}{10} = \boxed{}\dfrac{\boxed{}}{10}$$

✚ 대분수를 가분수로 바꾸어 뺄셈을 하시오.

$$3\frac{1}{4} - 1\frac{2}{4} = \frac{\boxed{13}}{4} - \frac{\boxed{6}}{4} = \frac{\boxed{7}}{4} = \boxed{1}\frac{\boxed{3}}{4}$$

❶ $5\dfrac{2}{7} - 3\dfrac{5}{7} = \dfrac{\boxed{}}{7} - \dfrac{\boxed{}}{7} = \dfrac{\boxed{}}{7} = \boxed{}\dfrac{\boxed{}}{7}$

❷ $5\dfrac{6}{9} - 3\dfrac{3}{9} = \dfrac{\boxed{}}{9} - \dfrac{\boxed{}}{9} = \dfrac{\boxed{}}{9} = \boxed{}\dfrac{\boxed{}}{9}$

❸ $3\dfrac{2}{5} - 1\dfrac{3}{5} = \dfrac{\boxed{}}{5} - \dfrac{\boxed{}}{5} = \dfrac{\boxed{}}{5} = \boxed{}\dfrac{\boxed{}}{5}$

❹ $8\dfrac{2}{7} - 1\dfrac{5}{7} = \dfrac{\boxed{}}{7} - \dfrac{\boxed{}}{7} = \dfrac{\boxed{}}{7} = \boxed{}\dfrac{\boxed{}}{7}$

❺ $6\dfrac{2}{10} - 2\dfrac{7}{10} = \dfrac{\boxed{}}{10} - \dfrac{\boxed{}}{10} = \dfrac{\boxed{}}{10} = \boxed{}\dfrac{\boxed{}}{10}$

❻ $4\dfrac{3}{12} - 2\dfrac{8}{12} = \dfrac{\boxed{}}{12} - \dfrac{\boxed{}}{12} = \dfrac{\boxed{}}{12} = \boxed{}\dfrac{\boxed{}}{12}$

뺄셈표

● 빈칸에 알맞은 수를 써넣으시오.

−	2	$\frac{4}{5}$	$2\frac{1}{5}$
5	3	$4\frac{1}{5}$	$2\frac{4}{5}$
$7\frac{3}{5}$	$5\frac{3}{5}$	$6\frac{4}{5}$	$5\frac{2}{5}$

①

−	4	$\frac{2}{7}$	$2\frac{5}{7}$
6			
$9\frac{4}{7}$			

②

−	3	$\frac{5}{6}$	$4\frac{3}{6}$
6			
$9\frac{4}{6}$			

③

−	5	$\frac{3}{9}$	$4\frac{7}{9}$
8			
$7\frac{1}{9}$			

④

−	5	$\frac{3}{9}$	$2\frac{7}{9}$
7			
$8\frac{5}{9}$			

⑤

−	1	$\frac{5}{8}$	$1\frac{2}{8}$
3			
$4\frac{3}{8}$			

● 빈칸에 알맞은 수를 써넣으시오.

−	2	$\frac{5}{7}$	$1\frac{2}{7}$
3	1	$2\frac{2}{7}$	$1\frac{5}{7}$
$4\frac{4}{7}$	$2\frac{4}{7}$	$3\frac{6}{7}$	$3\frac{2}{7}$

❶

−	4		$2\frac{1}{10}$
			$2\frac{9}{10}$
$5\frac{3}{10}$		$4\frac{6}{10}$	

❷

−	4		$2\frac{5}{6}$
			$4\frac{1}{6}$
$6\frac{1}{6}$		$5\frac{3}{6}$	

❸

−	1		$3\frac{4}{7}$
			$\frac{3}{7}$
$5\frac{1}{7}$		$4\frac{5}{7}$	

❹

−	3		$1\frac{3}{8}$
			$4\frac{5}{8}$
$8\frac{5}{8}$		$8\frac{3}{8}$	

❺

−	2		$3\frac{2}{9}$
			$1\frac{7}{9}$
$3\frac{8}{9}$		$3\frac{5}{9}$	

대분수 카드 뺄셈

안의 수를 모두 한 번씩 사용하여 계산 결과에 맞게 (대분수)−(대분수)의 뺄셈식을 완성하시오.

2　8　5　6

$$8\frac{6}{10} - 2\frac{5}{10} = 6\frac{1}{10}$$

$$6\frac{2}{10} - 5\frac{8}{10} = \frac{4}{10}$$

$$8\frac{2}{10} - 5\frac{6}{10} = 2\frac{6}{10}$$

❶　**6　7　3　9**

$$\Box\frac{\Box}{12} - \Box\frac{\Box}{12} = 5\frac{11}{12}$$

$$\Box\frac{\Box}{12} - \Box\frac{\Box}{12} = \frac{6}{12}$$

$$\Box\frac{\Box}{12} - \Box\frac{\Box}{12} = 3\frac{9}{12}$$

❷　**2　3　6　9**

$$\Box\frac{\Box}{11} - \Box\frac{\Box}{11} = 7\frac{3}{11}$$

$$\Box\frac{\Box}{11} - \Box\frac{\Box}{11} = \frac{8}{11}$$

$$\Box\frac{\Box}{11} - \Box\frac{\Box}{11} = 3\frac{5}{11}$$

❸　**3　6　4　8**

$$\Box\frac{\Box}{9} - \Box\frac{\Box}{9} = 5\frac{2}{9}$$

$$\Box\frac{\Box}{9} - \Box\frac{\Box}{9} = \frac{7}{9}$$

$$\Box\frac{\Box}{9} - \Box\frac{\Box}{9} = 3\frac{6}{9}$$

✚ ⬛ 안의 수를 모두 한 번씩 사용하여 다음 식의 계산 결과가 가장 크게 되도록 만들고, 결과를 구하시오.

$$2 \quad 7 \quad 4 \quad 6 \qquad \boxed{7}\dfrac{\boxed{6}}{9} - \boxed{2}\dfrac{\boxed{4}}{9} = \boxed{5\dfrac{2}{9}}$$

❶
$$3 \quad 5 \quad 9 \quad 2 \qquad \boxed{}\dfrac{\boxed{}}{10} - \boxed{}\dfrac{\boxed{}}{10} = \boxed{}$$

❷
$$1 \quad 3 \quad 5 \quad 7 \qquad \boxed{}\dfrac{\boxed{}}{10} - \boxed{}\dfrac{\boxed{}}{10} = \boxed{}$$

✚ ⬛ 안의 수를 모두 한 번씩 사용하여 다음 식의 계산 결과가 가장 작게 되도록 만들고, 결과를 구하시오.

$$3 \quad 5 \quad 6 \quad 8 \qquad \boxed{6}\dfrac{\boxed{3}}{9} - \boxed{5}\dfrac{\boxed{8}}{9} = \boxed{\dfrac{4}{9}}$$

❸
$$2 \quad 3 \quad 5 \quad 9 \qquad \boxed{}\dfrac{\boxed{}}{10} - \boxed{}\dfrac{\boxed{}}{10} = \boxed{}$$

❹
$$4 \quad 5 \quad 1 \quad 8 \qquad \boxed{}\dfrac{\boxed{}}{12} - \boxed{}\dfrac{\boxed{}}{12} = \boxed{}$$

1 수직선의 빈칸에 알맞은 수를 쓰고 대분수의 뺄셈을 하시오.

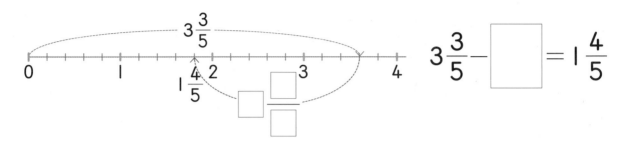

$$3\frac{3}{5} - \boxed{} = 1\frac{4}{5}$$

2 빈칸에 알맞은 수를 써넣으시오.

❶

$-$	$\frac{5}{7}$	$1\frac{2}{7}$	$3\frac{4}{7}$
$7\frac{2}{7}$			

❷

$-$	$\frac{5}{9}$	$2\frac{3}{9}$	$1\frac{8}{9}$
$5\frac{5}{9}$			

3 숫자 카드를 모두 한 번씩 사용하여 다음 식의 계산 결과가 가장 크게 되도록 만들고 결과를 구하시오.

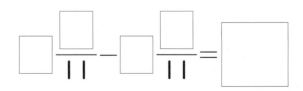

$$\boxed{}\frac{\boxed{}}{11} - \boxed{}\frac{\boxed{}}{11} = \boxed{}$$

8

대분수의
덧셈과 뺄셈

거꾸로 분수셈

□ 안에 알맞은 수를 써넣으시오.

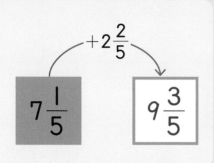

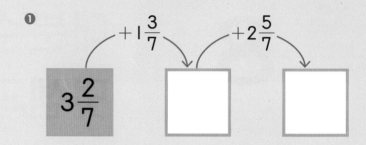

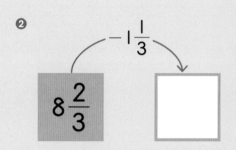

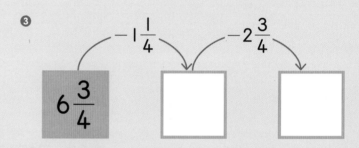

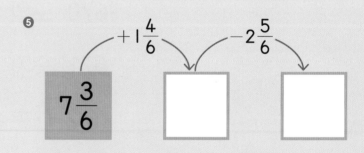

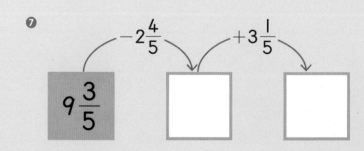

● □ 안에 알맞은 수를 써넣으시오.

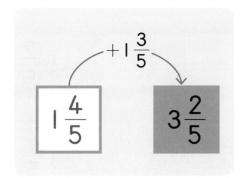

❶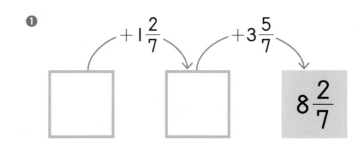

❷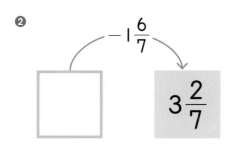

❸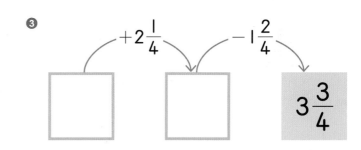

❹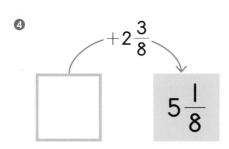

❺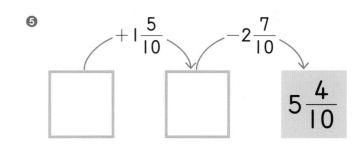

❻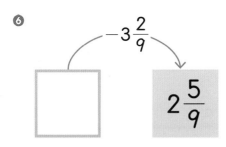

❼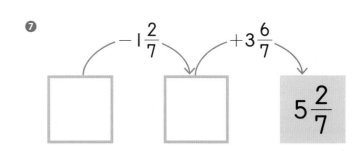

모양 분수

● 같은 모양에는 같은 수가 들어갑니다. 빈칸에 알맞은 수를 써넣으시오.

$$\boxed{3\frac{2}{4}} + \left(2\frac{1}{4}\right) = 5\frac{3}{4}$$

$$3\frac{2}{4} - \left(2\frac{1}{4}\right) = 1\frac{1}{4}$$

❶
$$\square + \bigcirc = 5\frac{2}{5}$$

$$5\frac{1}{5} - \bigcirc = 1\frac{4}{5}$$

❷
$$\square + \bigcirc = 5\frac{3}{6}$$

$$\square - 1\frac{2}{6} = \frac{5}{6}$$

❸
$$\square + \bigcirc = 9\frac{1}{7}$$

$$\square - 2\frac{4}{7} = 2\frac{5}{7}$$

❹
$$\square + \bigcirc = 11\frac{2}{5}$$

$$6\frac{3}{5} - \bigcirc = 3\frac{4}{5}$$

❺
$$\square + \bigcirc = 9\frac{3}{5}$$

$$6\frac{2}{5} - \bigcirc = 4\frac{1}{5}$$

● 같은 모양에는 같은 수가 들어갑니다. 빈칸에 알맞은 수를 써넣으시오.

$$3\dfrac{1}{3} + 2\dfrac{1}{3} = 5\dfrac{2}{3}$$

$$7\dfrac{1}{3} - 3\dfrac{2}{3} = 3\dfrac{2}{3}$$

$$3\dfrac{1}{3} + 3\dfrac{2}{3} = 7$$

❶

$$\square + 4\dfrac{1}{7} = 9\dfrac{5}{7}$$

$$8\dfrac{6}{7} - \bigcirc = 7\dfrac{2}{7}$$

$$\square + \bigcirc = \diamondsuit$$

❷

$$1\dfrac{3}{4} + \square = 5\dfrac{1}{4}$$

$$\bigcirc - 2\dfrac{1}{4} = 7\dfrac{2}{4}$$

$$\bigcirc - \square = \diamondsuit$$

❸

$$5\dfrac{3}{8} + \square = 9\dfrac{2}{8}$$

$$6\dfrac{7}{8} - \bigcirc = 3\dfrac{4}{8}$$

$$\square + \bigcirc = \diamondsuit$$

숫자 카드 합차

● 숫자 카드로 만들 수 있는 대분수를 모두 쓰고, 분모가 같은 두 대분수의 합과 차를 구하시오.

| 2 | 3 | 4 |

대분수 : $2\frac{3}{4}$ $3\frac{2}{4}$ $4\frac{2}{3}$

합 : $2\frac{3}{4}+3\frac{2}{4}=6\frac{1}{4}$

차 : $3\frac{2}{4}-2\frac{3}{4}=\frac{3}{4}$

❶

대분수 :

합 :

차 :

❷

대분수 :

합 :

차 :

❸

대분수 :

합 :

차 :

● 숫자 카드로 만들 수 있는 대분수 중에서 분모가 같은 대분수의 합과 차를 구하시오.

합 : $3\dfrac{5}{8}+5\dfrac{3}{8}=9$

차 : $5\dfrac{3}{8}-3\dfrac{5}{8}=1\dfrac{6}{8}$

❶

합 :
_____

차 :
_____

❷

합 :
_____

차 :
_____

❸

합 :
_____

차 :
_____

대분수 문장제

● 식을 쓰고 답을 분수로 나타내시오.

진우는 끈 5m를 사서 박스를 묶는데 $2\frac{3}{4}$m을 사용하였습니다. 진우가 쓰고 남은 끈의 길이는 몇 m입니까?

식 : $\quad 5-2\frac{3}{4}=2\frac{1}{4}$(m) $\qquad$ 답 : $2\frac{1}{4}$ m

❶ 승환이네 가족은 쌀을 지난 주에 $6\frac{2}{5}$kg, 이번 주에 $5\frac{4}{5}$kg 먹었습니다. 2주 동안 먹은 쌀은 모두 몇 kg입니까?

식 : $\qquad\qquad\qquad$ 답 : $\qquad$ kg

❷ 종훈이의 몸무게는 $24\frac{1}{6}$kg이고, 동생의 몸무게는 $18\frac{2}{6}$kg입니다. 종훈이는 동생보다 몇 kg 더 무겁습니까?

식 : $\qquad\qquad\qquad$ 답 : $\qquad$ kg

❸ 지용이는 월요일에 $6\frac{5}{6}$시간, 화요일에 $7\frac{2}{6}$시간 동안 잤습니다. 지용이는 이틀 동안 몇 시간 잤습니까?

식 : $\qquad\qquad\qquad$ 답 : $\qquad$ 시간

✛ 식을 쓰고 답을 분수로 나타내시오.

전체 **10**km를 경주하는 삼종 경기가 있습니다. $5\frac{3}{8}$km는 자전거를 타고, $2\frac{2}{8}$km는 수영을 하고 나머지는 달리기를 합니다. 달리기를 하는 거리는 몇 km입니까?

식 : $10 - 5\frac{3}{8} - 2\frac{2}{8} = 2\frac{3}{8}$(km)　　답 : $2\frac{3}{8}$ km

❶ 민주는 산책을 지난 주에 $2\frac{5}{6}$시간, 이번 주에는 지난 주보다 $1\frac{2}{6}$시간 더 했습니다. 민주가 **2**주 동안 산책한 시간은 몇 시간입니까?

식 :　　　　　　　　　　　　　　　　　답 :　　　　　시간

❷ 소영이와 친구들이 꽃길을 만들고 있습니다. 꽃길을 **8**m 만들어야 하는데 어제 $4\frac{2}{5}$m를 만들었고, 오늘은 $3\frac{2}{5}$m를 만들었습니다. 더 만들어야 할 꽃길은 몇 m입니까?

식 :　　　　　　　　　　　　　　　　　답 :　　　　　m

❸ 길이가 $5\frac{5}{9}$cm인 색 테이프 두 장을 $1\frac{2}{9}$cm씩 겹쳐 이어붙였습니다. 이어 붙인 색 테이프의 전체 길이는 몇 cm입니까?

식 :　　　　　　　　　　　　　　　　　답 :　　　　　cm

1 가장 큰 수와 가장 작은 수의 합과 차를 구하시오.

$$2\frac{3}{11} \quad 3\frac{7}{11} \quad 5\frac{1}{11} \quad 2\frac{6}{11}$$

2 □ 안에 알맞은 수를 써넣으시오.

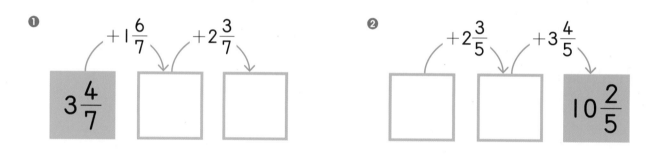

3 어떤 수에서 $1\frac{3}{7}$을 빼야 할 것을 잘못하여 더했더니 $5\frac{2}{7}$가 되었습니다. 바르게 계산하면 얼마입니까?

4 밀가루가 $6\frac{3}{5}$kg 있습니다. 빵 1개를 만드는데 $2\frac{4}{5}$kg의 밀가루가 사용된다면 만들 수 있는 빵은 모두 몇 개이고, 남은 밀가루는 몇 kg입니까?

MEMO

MEMO

쎈연산

정답 및 해설
Guide Book

초등4 · 1호
분수의 덧셈과 뺄셈

빨리 익힘

NE능률

641 진분수의 덧셈

● 알맞게 색칠하고, □ 안에 알맞은 수를 써넣으시오.

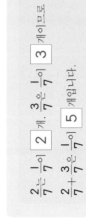

① $\dfrac{1}{8} + \dfrac{2}{8} = \dfrac{3}{8}$

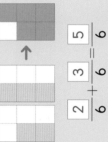

③ $\dfrac{2}{5} + \dfrac{1}{5} = \dfrac{3}{5}$

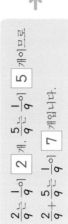

⑤ $\dfrac{3}{9} + \dfrac{3}{9} = \dfrac{6}{9}$

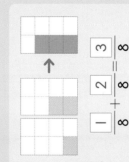

② $\dfrac{1}{7} + \dfrac{4}{7} = \dfrac{5}{7}$

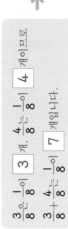

④ $\dfrac{2}{4} + \dfrac{1}{4} = \dfrac{3}{4}$

분모가 같은 진분수의 덧셈은 분모는 그대로 쓰고, 분자끼리 더합니다.

● □ 안에 알맞은 수를 써넣으시오.

$\dfrac{2}{7}$는 $\dfrac{1}{7}$이 2 개, $\dfrac{3}{7}$은 $\dfrac{1}{7}$이 3 개이므로
$\dfrac{2}{7} + \dfrac{3}{7}$은 $\dfrac{1}{7}$이 5 개입니다.

→ $\dfrac{2}{7} + \dfrac{3}{7} = \dfrac{5}{7}$

① $\dfrac{3}{8}$은 $\dfrac{1}{8}$이 3 개, $\dfrac{4}{8}$는 $\dfrac{1}{8}$이 4 개이므로
$\dfrac{3}{8} + \dfrac{4}{8}$은 $\dfrac{1}{8}$이 7 개입니다.

→ $\dfrac{3}{8} + \dfrac{4}{8} = \dfrac{7}{8}$

② $\dfrac{2}{9}$는 $\dfrac{1}{9}$이 2 개, $\dfrac{5}{9}$는 $\dfrac{1}{9}$이 5 개이므로
$\dfrac{2}{9} + \dfrac{5}{9}$은 $\dfrac{1}{9}$이 7 개입니다.

→ $\dfrac{2}{9} + \dfrac{5}{9} = \dfrac{7}{9}$

③ $\dfrac{3}{12}$은 $\dfrac{1}{12}$이 3 개, $\dfrac{8}{12}$은 $\dfrac{1}{12}$이 8 개이므로
$\dfrac{3}{12} + \dfrac{8}{12}$은 $\dfrac{1}{12}$이 11 개입니다.

→ $\dfrac{3}{12} + \dfrac{8}{12} = \dfrac{11}{12}$

주차 1

642 수직선의 덧셈

● □ 안에 알맞은 수를 써넣으시오.

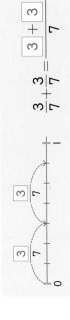

$$\frac{2}{5}+\frac{2}{5}=\frac{4}{5}$$

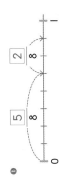

$$\frac{3}{10}+\frac{4}{10}=\frac{7}{10}$$

$$\frac{2}{8}+\frac{3}{8}=\frac{5}{8}$$

$$\frac{4}{7}+\frac{2}{7}=\frac{6}{7}$$

$$\frac{5}{9}+\frac{3}{9}=\frac{8}{9}$$

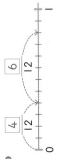

● □ 안에 알맞은 수를 써넣으시오.

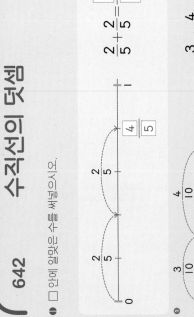

$$\frac{3}{7}+\frac{3}{7}=\frac{3+3}{7}=\frac{6}{7}$$

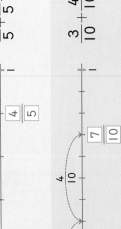

$$\frac{5}{8}+\frac{2}{8}=\frac{5+2}{8}=\frac{7}{8}$$

$$\frac{3}{10}+\frac{5}{10}=\frac{3+5}{10}=\frac{8}{10}$$

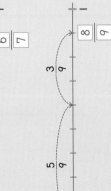

$$\frac{4}{12}+\frac{6}{12}=\frac{4+6}{12}=\frac{10}{12}$$

$$\frac{4}{9}+\frac{3}{9}=\frac{4+3}{9}=\frac{7}{9}$$

643 세 분수의 덧셈

● 그림을 보고 □ 안에 알맞은 수를 써넣으시오.

$$\frac{3}{12} + \frac{2}{12} + \frac{6}{12} = \frac{11}{12}$$

① $\dfrac{2}{10} + \dfrac{3}{10} + \dfrac{4}{10} = \dfrac{9}{10}$

③ $\dfrac{3}{11} + \dfrac{2}{11} + \dfrac{3}{11} = \dfrac{8}{11}$

⑤ $\dfrac{4}{13} + \dfrac{1}{13} + \dfrac{4}{13} = \dfrac{9}{13}$

⑦ $\dfrac{7}{14} + \dfrac{1}{14} + \dfrac{2}{14} = \dfrac{10}{14}$

② $\dfrac{4}{9} + \dfrac{1}{9} + \dfrac{2}{9} = \dfrac{7}{9}$

④ $\dfrac{3}{15} + \dfrac{2}{15} + \dfrac{5}{15} = \dfrac{10}{15}$

⑥ $\dfrac{1}{8} + \dfrac{4}{8} + \dfrac{2}{8} = \dfrac{7}{8}$

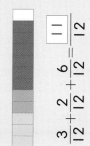

● □ 안에 알맞은 수를 써넣으시오.

$$\frac{2}{8} + \frac{3}{8} + \frac{4}{8} = \frac{2+3+4}{8} = \frac{9}{8} = 1\frac{1}{8}$$

① $\dfrac{4}{6} + \dfrac{3}{6} + \dfrac{4}{6} = \dfrac{4+3+4}{6} = \dfrac{11}{6} = 1\dfrac{5}{6}$

② $\dfrac{7}{10} + \dfrac{3}{10} + \dfrac{9}{10} = \dfrac{7+3+9}{10} = \dfrac{19}{10} = 1\dfrac{9}{10}$

③ $\dfrac{8}{9} + \dfrac{7}{9} + \dfrac{1}{9} = \dfrac{8+7+1}{9} = \dfrac{16}{9} = 1\dfrac{7}{9}$

④ $\dfrac{4}{11} + \dfrac{5}{11} + \dfrac{9}{11} = \dfrac{4+5+9}{11} = \dfrac{18}{11} = 1\dfrac{7}{11}$

⑤ $\dfrac{3}{7} + \dfrac{4}{7} + \dfrac{5}{7} = \dfrac{3+4+5}{7} = \dfrac{12}{7} = 1\dfrac{5}{7}$

1 주차

644 수 카드 덧셈

● 수 카드 중에서 두 장을 사용하여 만들 수 있는 진분수를 모두 쓰고, 가장 작은 분수에 ○표 하시오.

①

| 2 | 7 | 6 |
| | | |

$\dfrac{2}{6}$ $\dfrac{2}{7}$ ○ $\dfrac{6}{7}$

②

| 5 | 1 | 8 |

$\dfrac{1}{5}$ $\dfrac{1}{8}$ ○ $\dfrac{5}{8}$

● 수 카드 중에서 두 장을 사용하여 만들 수 있는 진분수를 모두 쓰고, 가장 큰 분수에 △표 하시오.

⑤

| 10 | 9 | 3 |

$\dfrac{3}{9}$ $\dfrac{3}{10}$ $\dfrac{9}{10}$ △

⑥

| 7 | 2 | 8 |

$\dfrac{2}{7}$ $\dfrac{2}{8}$ $\dfrac{7}{8}$ △

● 수 카드 중에서 두 장을 사용하여 만들 수 있는 가장 큰 진분수와 가장 작은 진분수를 찾아 두 분수를 쓰고, 두 분수의 합을 대분수로 나타내시오.

◆ 가장 작은 진분수를 만들려면 분모에는 가장 큰 수를, 분자에는 가장 작은 수를 써야 하고, 가장 큰 진분수를 만들려면 분모에는 가장 작은 수를, 분자에는 가장 큰 수를 써야 합니다.

①

| 3 | 5 |
| 3 | 10 | 12 |

가장 큰 분수 : $\dfrac{10}{12}$ 가장 작은 분수 : $\dfrac{3}{12}$

분수의 합 : $\dfrac{10}{12} + \dfrac{3}{12} = \dfrac{13}{12} = 1\dfrac{1}{12}$

②
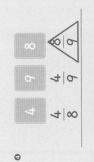

| 9 | 8 |
| 9 | 4 | 2 |

가장 큰 분수 : $\dfrac{8}{9}$ 가장 작은 분수 : $\dfrac{2}{9}$

분수의 합 : $\dfrac{8}{9} + \dfrac{2}{9} = \dfrac{10}{9} = 1\dfrac{1}{9}$

③
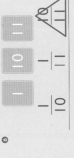

| 1 | 8 |
| 11 | 12 | 4 |

가장 큰 분수 : $\dfrac{11}{12}$ 가장 작은 분수 : $\dfrac{4}{12}$

분수의 합 : $\dfrac{11}{12} + \dfrac{4}{12} = \dfrac{15}{12} = 1\dfrac{3}{12}$

④

| 9 | 13 | 5 |
| 14 | 14 | |

가장 큰 분수 : $\dfrac{13}{14}$ 가장 작은 분수 : $\dfrac{5}{14}$

분수의 합 : $\dfrac{13}{14} + \dfrac{5}{14} = \dfrac{18}{14} = 1\dfrac{4}{14}$

월 일

잘 공부했는지 알아봅시다

1 그림을 이용하여 $\dfrac{1}{8} + \dfrac{4}{8}$ 가 얼마인지 알아보시오.

$$\dfrac{1}{8} + \dfrac{4}{8} = \dfrac{\boxed{1+4}}{8} = \dfrac{\boxed{5}}{8}$$

2 다음 덧셈의 계산 결과는 진분수입니다. □ 안에 들어갈 수 있는 자연수를 모두 구하시오. **1, 2, 3**

$$\dfrac{7}{11} + \dfrac{\square}{11}$$

$$\dfrac{7}{11} + \dfrac{\boxed{1}}{11} = \dfrac{8}{11}$$

$$\dfrac{7}{11} + \dfrac{\boxed{2}}{11} = \dfrac{9}{11}$$

$$\dfrac{7}{11} + \dfrac{\boxed{3}}{11} = \dfrac{10}{11}$$

$$\dfrac{7}{11} + \dfrac{4}{11} = \dfrac{11}{11} \leftarrow 가분수$$

3 분모가 10인 진분수 중에서 $\dfrac{6}{10}$ 보다 큰 분수들의 합을 대분수로 나타내시오.

$$\dfrac{7}{10} + \dfrac{8}{10} + \dfrac{9}{10} = \dfrac{24}{10} = 2\dfrac{4}{10}$$

$$2\dfrac{4}{10}$$

4 수 카드 두 장을 사용하여 만들 수 있는 가장 큰 진분수와 가장 작은 진분수의 합을 대분수로 나타내시오.

| 4 | 5 | 7 | 10 | 12 |

$$1\dfrac{2}{12}$$

가장 큰 진분수 : $\dfrac{10}{12}$ 가장 작은 진분수 : $\dfrac{4}{12}$

$$\dfrac{10}{12} + \dfrac{4}{12} = \dfrac{14}{12} = 1\dfrac{2}{12}$$

16

1 주차

② 2주차

645 진분수의 뺄셈

● 알맞게 색칠하고, □ 안에 알맞은 수를 써넣으시오. 예시 답안과 색칠한 칸의 위치가 달라도 색칠한 칸의 개수가 같으면 정답입니다.

$$\frac{5}{6} - \frac{3}{6} = \frac{2}{6}$$

$$\frac{4}{5} - \frac{1}{5} = \frac{3}{5}$$

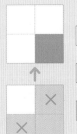

$$\frac{7}{9} - \frac{4}{9} = \frac{3}{9}$$

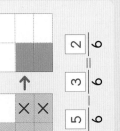

$$\frac{7}{8} - \frac{2}{8} = \frac{5}{8}$$

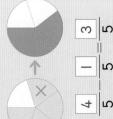

$$\frac{6}{7} - \frac{5}{7} = \frac{1}{7}$$

$$\frac{3}{4} - \frac{2}{4} = \frac{1}{4}$$

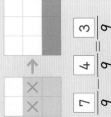

월 일

● □ 안에 알맞은 수를 써넣으시오.

분모가 같은 진분수의 뺄셈은 분모는 그대로 쓰고, 분자끼리 빼는 계산입니다.

$$\frac{6}{8} 은 \frac{1}{8} 이\ 6\ 개,\ \frac{3}{8} 은 \frac{1}{8} 이\ 3\ 개이므로$$
$$\frac{6}{8} - \frac{3}{8} 은 \frac{1}{8} 이\ 3\ 개입니다. \Rightarrow \frac{6}{8} - \frac{3}{8} = \frac{3}{8}$$

❶ $\frac{4}{6} 는 \frac{1}{6} 이\ 4\ 개,\ \frac{3}{6} 은 \frac{1}{6} 이\ 3\ 개이므로$
$\frac{4}{6} - \frac{3}{6} 은 \frac{1}{6} 이\ 1\ 개입니다. \Rightarrow \frac{4}{6} - \frac{3}{6} = \frac{1}{6}$

❷ $\frac{5}{7} 는 \frac{1}{7} 이\ 5\ 개,\ \frac{2}{7} 는 \frac{1}{7} 이\ 2\ 개이므로$
$\frac{5}{7} - \frac{2}{7} 는 \frac{1}{7} 이\ 3\ 개입니다. \Rightarrow \frac{5}{7} - \frac{2}{7} = \frac{3}{7}$

❸ $\frac{8}{9} 는 \frac{1}{9} 이\ 8\ 개,\ \frac{5}{9} 는 \frac{1}{9} 이\ 5\ 개이므로$
$\frac{8}{9} - \frac{5}{9} 는 \frac{1}{9} 이\ 3\ 개입니다. \Rightarrow \frac{8}{9} - \frac{5}{9} = \frac{3}{9}$

646 수직선 뺄셈

● □ 안에 알맞은 수를 써넣으시오.

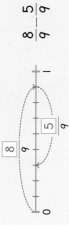

$$\frac{7}{8} - \frac{3}{8} = \frac{[4]}{[8]}$$

$$\frac{6}{9} - \frac{4}{9} = \frac{[2]}{[9]}$$

$$\frac{4}{5} - \frac{3}{5} = \frac{[1]}{[5]}$$

$$\frac{6}{7} - \frac{4}{7} = \frac{[2]}{[7]}$$

$$\frac{9}{10} - \frac{6}{10} = \frac{[3]}{[10]}$$

20

● □ 안에 알맞은 수를 써넣으시오.

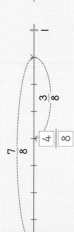

$$\frac{8}{9} - \frac{5}{9} = \frac{[8]-[5]}{9} = \frac{[3]}{9}$$

$$\frac{5}{6} - \frac{4}{6} = \frac{[5]-[4]}{6} = \frac{[1]}{6}$$

$$\frac{4}{7} - \frac{2}{7} = \frac{[4]-[2]}{7} = \frac{[2]}{7}$$

$$\frac{8}{10} - \frac{5}{10} = \frac{[8]-[5]}{10} = \frac{[3]}{10}$$

$$\frac{7}{8} - \frac{4}{8} = \frac{[7]-[4]}{8} = \frac{[3]}{8}$$

647 숫자 카드 뺄셈

● 수 카드 중에서 두 장을 사용하여 만들 수 있는 가장 큰 진분수와 가장 작은 진분수를 쓰고, 두 분수의 차를 구하시오.

❶ [2] [8] [7]

가장 큰 분수 : $\dfrac{7}{8}$ 가장 작은 분수 : $\dfrac{2}{8}$

분수의 차 : $\dfrac{7}{8} - \dfrac{2}{8} = \dfrac{5}{8}$

❷ [9] [7] [1]

가장 큰 분수 : $\dfrac{7}{9}$ 가장 작은 분수 : $\dfrac{1}{9}$

분수의 차 : $\dfrac{7}{9} - \dfrac{1}{9} = \dfrac{6}{9}$

❸ [12] [3] [10]

가장 큰 분수 : $\dfrac{10}{12}$ 가장 작은 분수 : $\dfrac{3}{12}$

분수의 차 : $\dfrac{10}{12} - \dfrac{3}{12} = \dfrac{7}{12}$

❹ [10] [2] [8]

가장 큰 분수 : $\dfrac{8}{10}$ 가장 작은 분수 : $\dfrac{2}{10}$

분수의 차 : $\dfrac{8}{10} - \dfrac{2}{10} = \dfrac{6}{10}$

월 일

● 수 카드 중에서 두 장을 사용하여 만들 수 있는 가장 큰 진분수와 가장 작은 진분수의 차를 구하시오.

❶ [9] [8] [4] [1]

$\dfrac{8}{9} - \dfrac{1}{9} = \dfrac{7}{9}$

❷ [11] [6] [2] [10]

$\dfrac{10}{11} - \dfrac{2}{11} = \dfrac{8}{11}$

❸ [9] [13] [14] [5]

$\dfrac{13}{14} - \dfrac{5}{14} = \dfrac{8}{14}$

❹ [11] [8] [12] [4]

$\dfrac{11}{12} - \dfrac{4}{12} = \dfrac{7}{12}$

❺ [7] [15] [13] [3]

$\dfrac{13}{15} - \dfrac{3}{15} = \dfrac{10}{15}$

❻ [13] [11] [6] [2]

$\dfrac{11}{13} - \dfrac{2}{13} = \dfrac{9}{13}$

648 부등호 뺄셈

● □ 안에 들어갈 수 있는 수에 모두 ○표 하시오.

$\dfrac{7}{12} > \dfrac{\square}{12}$ $\dfrac{3}{12}$

② ③ 4 5 6

$\dfrac{7}{12} > \dfrac{2}{12}$
$\dfrac{7}{12} > \dfrac{3}{12}$

① $\dfrac{\square}{15} < \dfrac{7}{15}$

$\dfrac{10}{15} = \dfrac{7}{15}$

$\dfrac{10}{15} < \dfrac{7}{15}$
$\dfrac{10}{15} < \dfrac{7}{15}$

② ③ 4 5 6 ... ④ ⑤

③ $\dfrac{\square}{11} < \dfrac{4}{11}$

$\dfrac{3}{11} < \dfrac{4}{11}$

5 ⑥ 7 8 9

⑤ $\dfrac{\square}{12} < \dfrac{5}{12}$

$\dfrac{11}{12} < \dfrac{5}{12}$

4 5 6 ⑦ ⑧

② $\dfrac{1}{9} > \dfrac{5}{9}$ □/9

4 5 6 ⑦ ⑧

④ $\dfrac{9}{10} > \dfrac{6}{10}$ □/10

① ② 3 4 5

⑥ $\dfrac{2}{7} > \dfrac{2}{7}$ □/7

2 3 4 ⑤ ⑥

⑦ $\dfrac{2}{8} > \dfrac{1}{8}$ □/8

1 2 3 ④ ⑤

⊕ □ 안에 들어갈 수 있는 가장 작은 자연수를 쓰시오.

$\dfrac{8}{10}\;\boxed{5} < \dfrac{4}{10}$

② $\dfrac{10}{15}\;\boxed{8} < \dfrac{3}{15}$

③ $\dfrac{7}{8}\;\boxed{5} < \dfrac{3}{8}$

① $\dfrac{6}{11}\;\boxed{2} < \dfrac{5}{11}$

③ $\dfrac{9}{12}\;\boxed{4} < \dfrac{6}{12}$

⑤ $\dfrac{4}{10}\;\boxed{3} < \dfrac{2}{10}$

⊕ □ 안에 들어갈 수 있는 가장 큰 자연수를 쓰시오.

$\dfrac{9}{13}\;\boxed{4} > \dfrac{4}{13}$

② $\dfrac{7}{8}\;\boxed{4} > \dfrac{2}{8}$

③ $\dfrac{8}{9}\;\boxed{4} > \dfrac{3}{9}$

⑥ $\dfrac{11}{12}\;\boxed{3} > \dfrac{7}{12}$

⑧ $\dfrac{9}{10}\;\boxed{2} > \dfrac{6}{10}$

⑩ $\dfrac{14}{15}\;\boxed{9} > \dfrac{4}{15}$

② 주차

잘 공부했는지 알아봅시다

1 그림을 이용하여 $\frac{6}{7} - \frac{3}{7}$ 가 얼마인지 알아보시오.

$$\frac{6}{7} - \frac{3}{7} = \frac{\boxed{6} - \boxed{3}}{7} = \frac{\boxed{3}}{7}$$

2 가장 큰 수와 가장 작은 수의 차를 구하시오. $\frac{5}{11}$

$$\boxed{\frac{7}{11} \quad \frac{5}{11} \quad \frac{9}{11} \quad \frac{10}{11}}$$

가장 큰 수 : $\frac{10}{11}$, 가장 작은 수 : $\frac{5}{11}$

$$\frac{10}{11} - \frac{5}{11} = \frac{5}{11}$$

3 숫자 카드 중에서 두 장을 뽑아 만들 수 있는 가장 큰 진분수와 가장 작은 진분수의 차를 구하시오. $\frac{7}{9}$

$$\boxed{5} \quad \boxed{1} \quad \boxed{4} \quad \boxed{8} \quad \boxed{9}$$

가장 큰 진분수 : $\frac{8}{9}$, 가장 작은 진분수 : $\frac{1}{9}$

$$\frac{8}{9} - \frac{1}{9} = \frac{7}{9}$$

4 □ 안에 들어갈 수 있는 자연수 중에서 가장 큰 수를 쓰시오. 2

$$\frac{9}{10} - \frac{\square}{10} > \frac{6}{10}$$

$$\frac{9}{10} - \frac{1}{10} > \frac{6}{10}$$
$$\frac{9}{10} - \frac{2}{10} > \frac{6}{10}$$
$$\frac{9}{10} - \frac{3}{10} = \frac{6}{10}$$

26

③ 주차

P. 28 ● P. 29

649 1에서 빼기

● 1에서 진분수를 뺍니다. □ 안에 알맞은 수를 써넣으시오.

1은 $\frac{1}{4}$이 $\boxed{4}$ 개, $\frac{3}{4}$은 $\frac{1}{4}$이 $\boxed{3}$ 개이므로

$1 - \frac{3}{4}$은 $\frac{1}{4}$이 $\boxed{1}$ 개입니다.

$\rightarrow 1 - \frac{3}{4} = \frac{\boxed{1}}{\boxed{4}}$

① 1은 $\frac{1}{8}$이 $\boxed{8}$ 개, $\frac{5}{8}$는 $\frac{1}{8}$이 $\boxed{5}$ 개이므로

$1 - \frac{5}{8}$는 $\frac{1}{8}$이 $\boxed{3}$ 개입니다.

$\rightarrow 1 - \frac{5}{8} = \frac{\boxed{3}}{\boxed{8}}$

② 1은 $\frac{1}{9}$이 $\boxed{9}$ 개, $\frac{7}{9}$은 $\frac{1}{9}$이 $\boxed{7}$ 개이므로

$1 - \frac{7}{9}$은 $\frac{1}{9}$이 $\boxed{2}$ 개입니다.

$\rightarrow 1 - \frac{7}{9} = \frac{\boxed{2}}{\boxed{9}}$

③ 1은 $\frac{1}{7}$이 $\boxed{7}$ 개, $\frac{2}{7}$는 $\frac{1}{7}$이 $\boxed{5}$ 개이므로

$1 - \frac{2}{7}$는 $\frac{1}{7}$이 $\boxed{5}$ 개입니다.

$\rightarrow 1 - \frac{2}{7} = \frac{\boxed{5}}{\boxed{7}}$

28

자연수에서 진분수를 뺄 때에는 자연수 1을 진분수와 분모가 같은 가분수로 만들어 분수끼리 뺄셈을 합니다.

● 1에서 진분수를 뺍니다. □ 안에 알맞은 수를 써넣으시오.

$1 - \frac{3}{7} = \frac{\boxed{7}}{7} - \frac{3}{7} = \frac{\boxed{4}}{7}$

① $1 - \frac{5}{6} = \frac{\boxed{6}}{6} - \frac{5}{6} = \frac{\boxed{1}}{6}$

② $1 - \frac{7}{10} = \frac{\boxed{10}}{10} - \frac{7}{10} = \frac{\boxed{3}}{10}$

③ $1 - \frac{2}{9} = \frac{\boxed{9}}{9} - \frac{2}{9} = \frac{\boxed{7}}{9}$

④ $1 - \frac{8}{12} = \frac{\boxed{12}}{12} - \frac{8}{12} = \frac{\boxed{4}}{12}$

⑤ $1 - \frac{5}{8} = \frac{\boxed{8}}{8} - \frac{5}{8} = \frac{\boxed{3}}{8}$

⑥ $1 - \frac{4}{5} = \frac{\boxed{5}}{5} - \frac{4}{5} = \frac{\boxed{1}}{5}$

⑦ $1 - \frac{7}{8} = \frac{\boxed{8}}{8} - \frac{7}{8} = \frac{\boxed{1}}{8}$

⑧ $1 - \frac{6}{7} = \frac{\boxed{7}}{7} - \frac{6}{7} = \frac{\boxed{1}}{7}$

⑨ $1 - \frac{5}{9} = \frac{\boxed{9}}{9} - \frac{5}{9} = \frac{\boxed{4}}{9}$

월   일

③ 주차

650 자연수에서 빼기

● 빼는 분수만큼 ×표 하고, □ 안에 알맞은 수를 써넣으시오.

$3 - \dfrac{3}{4} = 2\dfrac{1}{4}$

$3 - \dfrac{2}{5} = 2\dfrac{3}{5}$

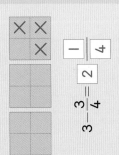

$4 - \dfrac{5}{9} = 3\dfrac{4}{9}$

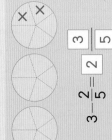

$2 - \dfrac{5}{6} = 1\dfrac{1}{6}$

$2 - \dfrac{6}{7} = 1\dfrac{1}{7}$

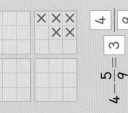

$6 - \dfrac{7}{8} = 5\dfrac{1}{8}$

자연수에서 진분수를 뺄 때에는 자연수에서 1만큼을 가분수로 만들어 분수끼리 뺄셈을 합니다.

계산 과정에서 자연수의 가분수로 이루어진 대분수 형태를 볼 수 있습니다. 그러나 계산 과정일 뿐이며 일반적인 형태의 대분수는 아님을 알려줍니다.

● 자연수에서 1만큼을 가분수로 바꾸어 뺄셈을 하시오.

$5 - \dfrac{3}{4} = 4\dfrac{4}{4} - \dfrac{3}{4} = 4\dfrac{1}{4}$

① $7 - \dfrac{5}{6} = 6\dfrac{6}{6} - \dfrac{5}{6} = 6\dfrac{1}{6}$

② $3 - \dfrac{2}{7} = 2\dfrac{7}{7} - \dfrac{5}{7} = 2\dfrac{5}{7}$

③ $5 - \dfrac{2}{5} = 4\dfrac{5}{5} - \dfrac{3}{5} = 4\dfrac{3}{5}$

④ $2 - \dfrac{7}{8} = 1\dfrac{8}{8} - \dfrac{1}{8} = 1\dfrac{1}{8}$

⑤ $6 - \dfrac{3}{10} = 5\dfrac{10}{10} - \dfrac{7}{10} = 5\dfrac{7}{10}$

월 일

숫자 카드를 한 번씩 사용하여 계산 결과가 가장 큰 (자연수)−(진분수)의 뺄셈식을 만들고 결과를 구하시오.

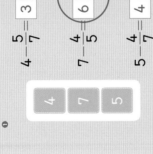

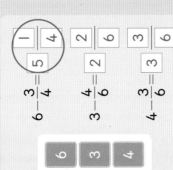

---

③ 주차

651 진분수 카드 뺄셈

숫자 카드를 한 번씩 사용하여 여러 가지 (자연수)−(진분수)의 뺄셈식을 만든 것입니다. □ 안에 알맞은 수를 써넣고 계산 결과가 가장 큰 것에 ○표 하시오.

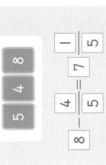

❸ 주차

P. 34 · P. 35

652 자연수 사이의 분수

● □ 안에 들어갈 수 있는 수를 모두 구하시오.

$1 < \dfrac{\square + 3}{6} < 2$

$\dfrac{6}{6} < \dfrac{3+\square}{6} < \dfrac{12}{6}$ $6 < 3+\square < 12$ $\square = 4,5,6,7,8$

4 5 6 7 8

① $2 < \dfrac{\square + 4}{7} < 3$

$\dfrac{14}{7} < \dfrac{4+\square}{7} < \dfrac{21}{7}$ $14 < 4+\square < 21$ $\square = 11,12,13,14,15,16$

11 12 13 14 15 16

② $3 < \dfrac{\square + 2}{5} < 4$

14 15 16 17

③ $2 < \dfrac{\square - 5}{7} < 3$

20 21 22 23 24 25

④ $1 < \dfrac{\square - 1}{6} < 2$

8 9 10 11 12

⑤ $3 < \dfrac{\square - 2}{5} < 4$

18 19 20 21

자연수 사이에 있는 분수를 구할 때에는 자연수를 분수의 분모가 같은 가분수로 나타낸 다음, 분자의 크기를 비교하여 구합니다.

❸ □ 안에 들어갈 수 있는 수 중에서 가장 큰 수와 가장 작은 수를 구하시오.

$1 < \dfrac{\square + 5}{8} < 2$

$\dfrac{8}{8} < \dfrac{5+\square}{8} < \dfrac{16}{8}$ $8 < 5+\square < 16$ $\square = 4,5,6,7,8,9,10$

가장 큰 수 : 10
가장 작은 수 : 4

① $1 < \dfrac{\square + 3}{9} < 2$

$\dfrac{9}{9} < \dfrac{\square + 3}{9} < \dfrac{18}{9}$ $9 < \square - 3 < 18$ $\square = 13,14,15,16,17,18,19,20$

가장 큰 수 : 20
가장 작은 수 : 13

② $2 < \dfrac{\square + 3}{4} < 3$

가장 큰 수 : 8
가장 작은 수 : 6

③ $2 < \dfrac{\square - 2}{5} < 3$

가장 큰 수 : 16
가장 작은 수 : 13

④ $3 < \dfrac{\square + 5}{6} < 4$

가장 큰 수 : 18
가장 작은 수 : 14

⑤ $1 < \dfrac{12 - \square}{5} < 2$

가장 큰 수 : 6
가장 작은 수 : 3

잘 공부했는지 알아봅시다

1 그림을 이용하여 $4 - \dfrac{3}{5}$ 은 얼마인지 알아보시오.

$$4 - \frac{3}{5} = 3\frac{5}{5} - \frac{3}{5} = 3\frac{2}{5}$$

2 어떤 자연수에서 $\dfrac{7}{10}$ 을 뺐더니 $1\dfrac{3}{10}$ 이 되었습니다. 어떤 자연수를 구하시오. **2**

자연수에서 진분수를 뺄 때에는 자연수에서 1 만큼을 가분수로 만들어 분수끼리 뺄셈을 합니다.

$$\Box - \frac{7}{10} = 1\frac{3}{10} \qquad \Box = 1\frac{3}{10} + \frac{7}{10} = 2$$

3 숫자 카드를 한 번씩 사용하여 계산 결과가 가장 큰 (자연수) − (진분수)의 뺄셈 식을 만들고 결과를 구하시오.

| 2 | 3 | 4 |

$$4 - \frac{2}{3} = 3\frac{1}{3}$$

4 □ 안에 들어갈 수 있는 수를 모두 구하시오. 6, 7, 8, 9, 10, 11, 12

$$2 < \frac{3}{4} + \frac{\Box}{4} < 4$$

$$\frac{8}{4} < \frac{3+\Box}{4} < \frac{16}{4} \qquad 8 < 3+\Box < 16 \qquad \Box = 6, 7, 8, 9, 10, 11, 12$$

④ 주차

653 두 분수의 합과 차

● 두 분수의 합과 차를 구하는 식을 쓰고, 진분수나 대분수로 결과를 나타내시오.

① $\dfrac{9}{10}$ $\dfrac{2}{10}$

합: $\dfrac{9}{10} + \dfrac{2}{10} = \dfrac{11}{10} = 1\dfrac{1}{10}$

차: $\dfrac{9}{10} - \dfrac{2}{10} = \dfrac{7}{10}$

② $\dfrac{7}{11}$ $\dfrac{1}{11}$

합: $\dfrac{7}{11} + \dfrac{1}{11} = \dfrac{8}{11}$

차: $\dfrac{7}{11} - \dfrac{1}{11} = \dfrac{6}{11}$

④ $\dfrac{6}{7}$ $\dfrac{2}{7}$

합: $\dfrac{6}{7} + \dfrac{2}{7} = \dfrac{8}{7} = 1\dfrac{1}{7}$

차: $\dfrac{6}{7} - \dfrac{2}{7} = \dfrac{4}{7}$

① $\dfrac{7}{8}$ $\dfrac{3}{8}$

합: $\dfrac{7}{8} + \dfrac{3}{8} = \dfrac{10}{8} = 1\dfrac{2}{8}$

차: $\dfrac{7}{8} - \dfrac{3}{8} = \dfrac{4}{8}$

③ $\dfrac{6}{9}$ $\dfrac{2}{9}$

합: $\dfrac{6}{9} + \dfrac{2}{9} = \dfrac{8}{9}$

차: $\dfrac{6}{9} - \dfrac{2}{9} = \dfrac{4}{9}$

⑤ $\dfrac{9}{12}$ $\dfrac{6}{12}$

합: $\dfrac{9}{12} + \dfrac{6}{12} = \dfrac{15}{12} = 1\dfrac{3}{12}$

차: $\dfrac{9}{12} - \dfrac{6}{12} = \dfrac{3}{12}$

분모가 같은 분수의 합과 차를 보고 두 분수를 구할 때에는 분모는 변하지 않으므로, 분자의 합과 차를 이용하여 구합니다.

● 두 분수를 구하고 합과 차에 맞는 덧셈과 뺄셈을 쓰시오.

합은 7이고 차는 3인 두 자연수를 각각 분자로 하는 분모가 8인 진분수를 구합니다.

① $\dfrac{5}{8}$ $\dfrac{2}{8}$

분모가 8인 진분수입니다. 합이 $\dfrac{7}{8}$이고 차가 $\dfrac{3}{8}$입니다.

$\dfrac{5}{8} + \dfrac{2}{8} = \dfrac{7}{8}$, $\dfrac{5}{8} - \dfrac{2}{8} = \dfrac{3}{8}$

② $\dfrac{5}{9}$ $\dfrac{3}{9}$

분모가 9인 진분수입니다. 합이 $\dfrac{8}{9}$이고 차가 $\dfrac{2}{9}$입니다.

$\dfrac{5}{9} + \dfrac{3}{9} = \dfrac{8}{9}$, $\dfrac{5}{9} - \dfrac{3}{9} = \dfrac{2}{9}$

③ $\dfrac{5}{6}$ $\dfrac{4}{6}$

분모가 6인 진분수입니다. 합이 $1\dfrac{3}{6}$이고 차가 $\dfrac{1}{6}$입니다.

$\dfrac{5}{6} + \dfrac{4}{6} = 1\dfrac{3}{6}$, $\dfrac{5}{6} - \dfrac{4}{6} = \dfrac{1}{6}$

④ $\dfrac{9}{10}$ $\dfrac{4}{10}$

분모가 10인 진분수입니다. 합이 $1\dfrac{3}{10}$이고 차가 $\dfrac{5}{10}$입니다.

$\dfrac{9}{10} + \dfrac{4}{10} = 1\dfrac{3}{10}$, $\dfrac{9}{10} - \dfrac{4}{10} = \dfrac{5}{10}$

654 세 분수의 덧셈과 뺄셈

● □ 안에 알맞은 수를 써넣으시오.

$$\frac{3}{10}+\frac{7}{10}-\frac{5}{10}=\frac{\boxed{3+7-5}}{10}=\frac{\boxed{5}}{10}$$

① $\dfrac{7}{11}-\dfrac{3}{11}+\dfrac{6}{11}=\dfrac{\boxed{7-3+6}}{11}=\dfrac{\boxed{10}}{11}$

② $\dfrac{2}{9}+\dfrac{4}{9}+\dfrac{1}{9}=\dfrac{\boxed{2+4+1}}{9}=\dfrac{\boxed{7}}{9}$

③ $\dfrac{11}{12}-\dfrac{4}{12}-\dfrac{3}{12}=\dfrac{\boxed{11-4-3}}{12}=\dfrac{\boxed{4}}{12}$

④ $\dfrac{9}{15}-\dfrac{1}{15}+\dfrac{3}{15}=\dfrac{\boxed{9-1+3}}{15}=\dfrac{\boxed{11}}{15}$

⑤ $\dfrac{7}{13}+\dfrac{6}{13}-\dfrac{2}{13}=\dfrac{\boxed{7+6-2}}{13}=\dfrac{\boxed{11}}{13}$

⑥ $\dfrac{9}{10}-\dfrac{2}{10}-\dfrac{5}{10}=\dfrac{\boxed{9-2-5}}{10}=\dfrac{\boxed{2}}{10}$

⊕ □ 안에 알맞은 수를 써넣으시오.

$$\frac{7}{11}-\frac{4}{11}+\frac{\boxed{6}}{11}=\frac{9}{11}$$

① $\dfrac{9}{13}+\dfrac{6}{13}-\dfrac{\boxed{4}}{13}=\dfrac{11}{13}$

② $\dfrac{\boxed{8}}{9}-\dfrac{2}{9}-\dfrac{3}{9}=\dfrac{3}{9}$

③ $\dfrac{3}{10}+\dfrac{\boxed{3}}{10}+\dfrac{1}{10}=\dfrac{7}{10}$

④ $\dfrac{4}{15}+\dfrac{\boxed{13}}{15}-\dfrac{7}{15}=\dfrac{10}{15}$

⑤ $\dfrac{\boxed{7}}{8}-\dfrac{3}{8}+\dfrac{1}{8}=\dfrac{5}{8}$

⑥ $\dfrac{11}{12}-\dfrac{7}{12}+\dfrac{\boxed{3}}{12}=\dfrac{1}{12}$

⑦ $\dfrac{6}{13}+\dfrac{2}{13}+\dfrac{\boxed{2}}{13}=\dfrac{10}{13}$

⑧ $\dfrac{5}{18}+\dfrac{3}{18}+\dfrac{\boxed{11}}{18}=\dfrac{9}{18}$

⑨ $\dfrac{4}{9}+\dfrac{\boxed{6}}{9}-\dfrac{3}{9}=\dfrac{7}{9}$

⑩ $\dfrac{3}{15}+\dfrac{\boxed{9}}{15}+\dfrac{2}{15}=\dfrac{14}{15}$

⑪ $\dfrac{\boxed{13}}{16}-\dfrac{2}{16}-\dfrac{10}{16}=\dfrac{1}{16}$

4 주차

655 진분수 문장제

● 식을 쓰고 답을 진분수 또는 대분수로 나타내시오.

끈 3m를 사서 선물을 포장하는데 $\frac{3}{7}$ m를 사용하였습니다. 남은 끈의 길이는 몇 m입니까?

식: $3 - \frac{3}{7} = 2\frac{4}{7}$ (m)

답: $2\frac{4}{7}$ m

① 파란색 페인트 $\frac{2}{7}$ L와 흰색 페인트 $\frac{3}{7}$ L를 섞어서 하늘색 페인트를 만들었습니다. 만들어진 하늘색 페인트는 모두 몇 L입니까?

식: $\frac{2}{7} + \frac{3}{7} = \frac{5}{7}$ (L)

답: $\frac{5}{7}$ L

② 승호는 어제 $\frac{5}{6}$ 시간 동안 운동을 했고, 오늘은 $\frac{3}{6}$ 시간 동안 운동을 했습니다. 승호는 어제 오늘보다 몇 시간 더 운동을 했습니까?

식: $\frac{5}{6} - \frac{3}{6} = \frac{2}{6}$ (시간)

답: $\frac{2}{6}$ 시간

③ 소희는 색종이를 5장 가지고 있었습니다. 카네이션을 만드는데 $\frac{3}{4}$ 장을 사용하였다면 쓰고 남은 색종이는 몇 장입니까?

식: $5 - \frac{3}{4} = 4\frac{1}{4}$ (장)

답: $4\frac{1}{4}$ 장

월   일

● 식을 쓰고 답을 진분수 또는 대분수로 나타내시오.

연우는 책을 어제까지 전체의 $\frac{2}{8}$ 만큼 읽고, 오늘은 전체의 $\frac{3}{8}$ 만큼 읽었습니다. 전체의 얼마만큼을 더 읽어야 책을 모두 읽게 됩니까?

식: $1 - \frac{2}{8} - \frac{3}{8} = \frac{3}{8}$

답: $\frac{3}{8}$

① 정호는 그제 $\frac{2}{12}$ 시간, 어제 $\frac{3}{12}$ 시간, 오늘은 $\frac{4}{12}$ 시간 동안 산책을 하였습니다. 정호는 3일 동안 산책을 몇 시간 하였습니까?

식: $\frac{2}{12} + \frac{3}{12} + \frac{4}{12} = \frac{9}{12}$ (시간)

답: $\frac{9}{12}$ 시간

② 민주네 가족은 지난주 쌀을 $\frac{3}{10}$ kg 먹었고, 이번 주에는 지난주보다 $\frac{1}{10}$ kg 더 먹었습니다. 지난주와 이번 주에 먹은 쌀은 모두 몇 kg입니까?

식: $\frac{3}{10} + \frac{3}{10} + \frac{1}{10} = \frac{7}{10}$ (kg)

답: $\frac{7}{10}$ kg

③ 길이가 5cm인 테이프 2개를 $\frac{1}{3}$ cm 겹쳐 이어 붙였습니다. 이어 붙인 테이프의 전체 길이는 몇 cm입니까?

식: $5 + 5 - \frac{1}{3} = 9\frac{2}{3}$ (cm)

답: $9\frac{2}{3}$ cm

656 바르게 계산하기

● 어떤 수를 구하는 식과 답을 쓰시오.

어떤 수에 $\frac{3}{7}$을 더했더니 $\frac{5}{7}$가 되었습니다.

식 : $\square + \frac{3}{7} = \frac{5}{7}$

어떤 수 : $\frac{2}{7}$

❶ 어떤 수에서 $\frac{3}{10}$을 뺐더니 $\frac{4}{10}$가 되었습니다.

식 : $\square - \frac{3}{10} = \frac{4}{10}$

어떤 수 : $\frac{7}{10}$

❷ $\frac{7}{11}$에서 어떤 수를 뺐더니 $\frac{4}{11}$가 되었습니다.

식 : $\frac{7}{11} - \square = \frac{4}{11}$

어떤 수 : $\frac{3}{11}$

❸ $\frac{3}{8}$에 어떤 수를 더했더니 $\frac{6}{8}$이 되었습니다.

식 : $\frac{3}{8} + \square = \frac{6}{8}$

어떤 수 : $\frac{3}{8}$

❹ 어떤 수와 $\frac{3}{9}$의 합은 $\frac{7}{9}$입니다.

식 : $\square + \frac{3}{9} = \frac{7}{9}$

어떤 수 : $\frac{4}{9}$

● 어떤 수를 구하고, 물음에 답하시오.

어떤 수에 $\frac{2}{7}$을 빼야할 것을 잘못하여 더했더니 $\frac{6}{7}$이 되었습니다. 바르게 계산하면 얼마입니까?

어떤 수 : $\square + \frac{2}{7} = \frac{6}{7}$, $\square = \frac{4}{7}$

바른 계산 : $\frac{4}{7} - \frac{2}{7} = \frac{2}{7}$

❶ 어떤 수에 $\frac{3}{11}$을 더해야 할 것을 잘못하여 뺐더니 $\frac{4}{11}$가 되었습니다. 바르게 계산하면 얼마입니까?

어떤 수 : $\square - \frac{3}{11} = \frac{4}{11}$, $\square = \frac{7}{11}$

바른 계산 : $\frac{7}{11} + \frac{3}{11} = \frac{10}{11}$

❷ 어떤 수에 $\frac{3}{8}$을 더해야 할 것을 잘못하여 $\frac{5}{8}$을 더하였더니 $\frac{7}{8}$이 되었습니다. 바르게 계산하면 얼마입니까?

어떤 수 : $\square + \frac{5}{8} = \frac{7}{8}$, $\square = \frac{2}{8}$

바른 계산 : $\frac{2}{8} + \frac{3}{8} = \frac{5}{8}$

❸ 어떤 수에서 $\frac{3}{10}$을 빼야 할 것을 잘못하여 $\frac{2}{10}$을 뺐더니 $\frac{5}{10}$가 되었습니다. 바르게 계산하면 얼마입니까?

어떤 수 : $\square - \frac{2}{10} = \frac{5}{10}$, $\square = \frac{7}{10}$

바른 계산 : $\frac{7}{10} - \frac{3}{10} = \frac{4}{10}$

④ 주차

잘 공부했는지 알아봅시다

1 분모가 9인 진분수가 두 개 있습니다. 합이 1이고 차가 $\frac{3}{9}$인 두 진분수를 구하시오. $\frac{6}{9}$, $\frac{3}{9}$

$$㉮ = \frac{▲}{9}, ㉯ = \frac{♠}{9}$$

$$㉮ + ㉯ = \frac{▲}{9} + \frac{♠}{9} = \frac{▲ + ♠}{9}$$

$$㉮ - ㉯ = \frac{▲}{9} - \frac{♠}{9} = \frac{▲ - ♠}{9}$$

$$▲ + ♠ = 9, ▲ - ♠ = 3 \ \rightarrow \ ▲ = 6, ♠ = 3$$

$$㉮ = \frac{6}{9}, ㉯ = \frac{3}{9}$$

2 종호와 진우는 함께 조각 퍼즐을 맞추고 있습니다. 종호는 전체의 $\frac{3}{8}$을, 진우는 전체의 $\frac{2}{8}$를 맞추었습니다. 종호와 진우가 맞춘 조각 퍼즐은 전체의 얼마입니까?

$$\frac{5}{8} \qquad \frac{3}{8} + \frac{2}{8} = \frac{5}{8}$$

3 어떤 수에서 $\frac{3}{10}$을 빼야 할 것을 잘못하여 더하였더니 $\frac{7}{10}$이 되었습니다. 바르게 계산하면 얼마입니까? $\frac{1}{10}$

$$\square + \frac{3}{10} = \frac{7}{10} \qquad \square = \frac{4}{10}$$

$$\frac{4}{10} - \frac{3}{10} = \frac{1}{10}$$

4 집에서 학교까지의 거리는 몇 km입니까? $4\frac{2}{5}$ km

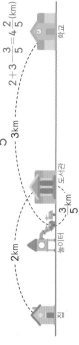

$$2 + 3 - \frac{3}{5} = 4\frac{2}{5} (km)$$

46

657 대분수의 덧셈

● 알맞게 색칠하고, 분수의 덧셈을 하시오.

$$2\frac{3}{4} + 1\frac{2}{4} = \boxed{4}\frac{\boxed{1}}{4}$$

①
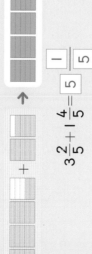

$$3\frac{2}{5} + 1\frac{4}{5} = \boxed{5}\frac{\boxed{1}}{5}$$

②

$$1\frac{5}{6} + 2\frac{1}{6} = \boxed{4}\frac{\boxed{1}}{6}$$

③
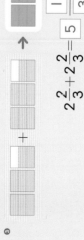

$$2\frac{2}{3} + 2\frac{2}{3} = \boxed{5}\frac{\boxed{1}}{3}$$

분모가 같은 대분수끼리 의 덧셈은 자연수는 자연수 끼리, 분수는 분수끼리 더한 다음, 분수 부분의 합이 가분수이면 대분수 로 바꾸어 나타냅니다.

● □ 안에 알맞은 수를 써넣으시오.

$$3\frac{3}{7} + 4\frac{6}{7} = (3+4) + \left(\frac{3}{7} + \frac{6}{7}\right)$$
$$= 7 + 1\frac{2}{7} = 8\frac{2}{7}$$

①
$$3\frac{2}{9} + 3\frac{5}{9} = (3+3) + \left(\frac{2}{9} + \frac{5}{9}\right)$$
$$= 6 + \frac{7}{9} = 6\frac{7}{9}$$

②
$$4\frac{5}{8} + 1\frac{6}{8} = (4+1) + \left(\frac{5}{8} + \frac{6}{8}\right)$$
$$= 5 + 1\frac{3}{8} = 6\frac{3}{8}$$

③
$$2\frac{3}{10} + 5\frac{6}{10} = (2+5) + \left(\frac{3}{10} + \frac{6}{10}\right)$$
$$= 7 + \frac{9}{10} = 7\frac{9}{10}$$

658 가분수로 고쳐 덧셈하기

● □ 안에 알맞은 수를 써넣으시오.

①

$2\frac{1}{3}$은 $\frac{1}{3}$이 [7]개.

$5\frac{1}{3}$은 $\frac{1}{3}$이 [16]개이므로

$2\frac{1}{3}+5\frac{1}{3}$은

$\frac{1}{3}$이 [23]개입니다.

$2\frac{1}{3}+5\frac{1}{3}=\frac{[23]}{3}=[7]\frac{2}{3}$

$3\frac{2}{5}$는 $\frac{1}{5}$이 [17]개.

$2\frac{2}{5}$는 $\frac{1}{5}$이 [12]개이므로

$3\frac{2}{5}+2\frac{2}{5}$는

$\frac{1}{5}$이 [29]개입니다.

$3\frac{2}{5}+2\frac{2}{5}=\frac{[29]}{5}=[5]\frac{4}{5}$

---

②

$1\frac{1}{6}$은 $\frac{1}{6}$이 [7]개.

$3\frac{4}{6}$는 $\frac{1}{6}$이 [22]개이므로

$1\frac{1}{6}+3\frac{4}{6}$는

$\frac{1}{6}$이 [29]개입니다.

$1\frac{1}{6}+3\frac{4}{6}=\frac{[29]}{6}=[4]\frac{5}{6}$

$4\frac{6}{7}$은 $\frac{1}{7}$이 [34]개.

$2\frac{5}{7}$는 $\frac{1}{7}$이 [19]개이므로

$4\frac{6}{7}+2\frac{5}{7}$는

$\frac{1}{7}$이 [53]개입니다.

$4\frac{6}{7}+2\frac{5}{7}=\frac{[53]}{7}=[7]\frac{4}{7}$

분모가 같은 대분수끼리의 덧셈은 대분수를 가분수로 바꾸어 분자끼리 더한 다음, 다시 대분수로 바꾸어 나타낼 수도 있습니다.

● □ 안에 알맞은 수를 써넣으시오.

$1\frac{2}{5}+2\frac{4}{5}=\frac{[7]}{5}+\frac{[14]}{5}=\frac{[21]}{5}=4\frac{[1]}{5}$

① $3\frac{4}{7}+3\frac{5}{7}=\frac{[25]}{7}+\frac{[26]}{7}=\frac{[51]}{7}=7\frac{[2]}{7}$

② $2\frac{1}{3}+4\frac{1}{3}=\frac{[7]}{3}+\frac{[13]}{3}=\frac{[20]}{3}=6\frac{[2]}{3}$

③ $2\frac{1}{4}+5\frac{2}{4}=\frac{[9]}{4}+\frac{[22]}{4}=\frac{[31]}{4}=7\frac{[3]}{4}$

④ $3\frac{4}{6}+2\frac{3}{6}=\frac{[22]}{6}+\frac{[15]}{6}=\frac{[37]}{6}=6\frac{[1]}{6}$

⑤ $1\frac{3}{8}+5\frac{6}{8}=\frac{[11]}{8}+\frac{[46]}{8}=\frac{[57]}{8}=7\frac{[1]}{8}$

⑥ $2\frac{6}{7}+1\frac{4}{7}=\frac{[20]}{7}+\frac{[11]}{7}=\frac{[31]}{7}=4\frac{[3]}{7}$

659 덧셈 상자

● 빈칸에 알맞은 수를 써넣으시오.

+	$\frac{4}{5}$	$1\frac{1}{5}$
3	$3\frac{4}{5}$	$4\frac{1}{5}$
$3\frac{2}{5}$	$1\frac{4}{5}$	$4\frac{3}{5}$

②

+	$\frac{5}{7}$	$2\frac{2}{7}$
4	$4\frac{5}{7}$	$6\frac{2}{7}$
$3\frac{4}{7}$	$4\frac{2}{7}$	$5\frac{6}{7}$

④

+	$\frac{3}{4}$	$1\frac{3}{4}$
2	$2\frac{3}{4}$	$5\frac{1}{4}$
$4\frac{2}{4}$	$2\frac{3}{4}$	$7\frac{3}{4}$

①

+	$\frac{5}{6}$	$1\frac{3}{6}$
2	$2\frac{5}{6}$	$3\frac{3}{6}$
$2\frac{2}{6}$	$3\frac{1}{6}$	$3\frac{5}{6}$

③

+	$\frac{7}{8}$	$2\frac{3}{8}$
3	$3\frac{7}{8}$	$5\frac{3}{8}$
$2\frac{4}{8}$	$3\frac{3}{8}$	$4\frac{7}{8}$

⑤

+	$\frac{4}{7}$	$1\frac{6}{7}$
5	$5\frac{4}{7}$	$6\frac{6}{7}$
$5\frac{2}{7}$	$5\frac{6}{7}$	$7\frac{1}{7}$

순서를 생각하여 해결합니다. 가로줄과 세로줄의 수부터 구합니다.

$1\frac{6}{9}+\frac{2}{9}=1\frac{8}{9}$

● 빈칸에 알맞은 수를 써넣으시오.

$2\frac{3}{5}+3\frac{4}{5}=5\frac{4}{5}$ $2\frac{3}{5}+\frac{1}{5}=2\frac{4}{5}$

+	$\frac{1}{5}$	$3\frac{4}{5}$
2	$2\frac{1}{5}$	$5\frac{4}{5}$
$2\frac{3}{5}$	$2\frac{4}{5}$	$6\frac{2}{5}$

②

+	4	$1\frac{4}{7}$
$3\frac{5}{7}$	$7\frac{5}{7}$	$5\frac{2}{7}$
$\frac{6}{7}$	$4\frac{6}{7}$	$2\frac{3}{7}$

④

+	$4\frac{2}{6}$	2
$5\frac{1}{6}$	$5\frac{1}{6}$	$2\frac{5}{6}$
$2\frac{3}{6}$	$6\frac{5}{6}$	$4\frac{3}{6}$

①

$\boxed{4}+2\frac{4}{9}=6\frac{4}{9}$

+	2	$2\frac{4}{9}$
4	$\frac{2}{9}$	$\frac{4}{9}$
$1\frac{6}{9}$	$1\frac{8}{9}$	$4\frac{1}{9}$

③

+	$2\frac{6}{8}$	3
$3\frac{1}{8}$	$\frac{1}{3}\,\frac{?}{8}$	$3\frac{3}{8}$
$1\frac{3}{8}$	$4\frac{1}{8}$	$4\frac{3}{8}$

⑤

+	$\frac{1}{7}$	$3\frac{5}{7}$
$1\frac{3}{7}$	$4\frac{1}{7}$	$5\frac{1}{7}$
3	$1\frac{3}{7}$	$6\frac{5}{7}$

P. 54 ● P. 55

주차 5

660 대분수 카드 덧셈

● 숫자 카드를 한 번씩 모두 사용하여 덧셈식을 완성하시오.

자연수 부분끼리, 문자 부분끼리의 수가 서로 바뀌어도 결과가 같으면 정답입니다.

$$3\frac{4}{7} + 2\frac{5}{7} = 6\frac{2}{7}$$
$$2\frac{5}{7} + 3\frac{4}{7} = 6\frac{2}{7}$$
$$3\frac{5}{7} + 2\frac{4}{7} = 6\frac{2}{7}$$
$$2\frac{4}{7} + 3\frac{5}{7} = 6\frac{2}{7}$$

[2 4 5 3]

$$2\frac{4}{7} + 3\frac{5}{7} = 6\frac{2}{7}$$

합이 2 또는 9가 되는 두 수를 찾아 자에 넣습니다.

① [1 4 6 2]
$$2\frac{1}{8} + 6\frac{4}{8} = 8\frac{5}{8}$$
합이 5 또는 13이 되는 두 수를 찾아 문자에 넣습니다.

② [1 3 4 5]
$$3\frac{1}{6} + 5\frac{4}{6} = 8\frac{5}{6}$$

③ [1 4 3 2]
$$1\frac{4}{5} + 2\frac{3}{5} = 4\frac{2}{5}$$

④ [6 8 5 7]
$$5\frac{7}{9} + 6\frac{8}{9} = 12\frac{6}{9}$$

⑤ [2 3 5 6]
$$2\frac{3}{8} + 5\frac{6}{8} = 8\frac{1}{8}$$

54

월 일

● 숫자 카드를 한 장씩 모두 사용하여 합이 가장 큰 덧셈식을 만들고, 결과를 구하시오.

계산 결과가 가장 클 때 분수의 덧셈식을 만들 때에는 가장 큰 수와 그 다음으로 큰 수를 자연수 부분에 넣고, 가장 작은 수와 그 다음 작은 수를 문자에 넣습니다.

[1 3 2 4]
$$4\frac{2}{7} + 3\frac{1}{7} = 7\frac{3}{7}$$

① [1 4 6 3]
$$6\frac{1}{5} + 4\frac{3}{5} = 10\frac{4}{5}$$

② [2 4 5 3]
$$4\frac{2}{6} + 5\frac{3}{6} = 9\frac{5}{6}$$

③ [7 8 1 2]
$$7\frac{1}{8} + 8\frac{2}{8} = 15\frac{3}{8}$$

④ [3 4 5 1]
$$4\frac{1}{9} + 5\frac{3}{9} = 9\frac{4}{9}$$

⑤ [6 2 7 9]
$$7\frac{2}{7} + 9\frac{6}{7} = 17\frac{1}{7}$$

사고셈 ● 55

잘 공부했는지 알아봅시다

월 일

1 계산 결과가 같은 것끼리 선으로 이으시오.

$3\frac{2}{7}$ $3+\frac{2}{7}$ $1\frac{2}{7}+2\frac{1}{7}$ $3\frac{3}{7}$

$3\frac{3}{7}$ $2\frac{5}{7}+\frac{5}{7}$ $2\frac{4}{7}+1$ $3\frac{4}{7}$

$3\frac{4}{7}$ $1\frac{2}{7}+2\frac{2}{7}$ $1\frac{4}{7}+1\frac{5}{7}$ $3\frac{2}{7}$

2 두 대분수의 합을 빈칸에 써넣으시오.

①
$10\frac{5}{8}$	$5\frac{2}{8}+5\frac{3}{8}$
$5\frac{2}{8}$	$5\frac{3}{8}$

②
$9\frac{2}{7}$	$6\frac{6}{7}+2\frac{3}{7}$
$6\frac{6}{7}$	$2\frac{3}{7}$

3 숫자 카드를 한 번씩 모두 사용하여 다음 식을 완성하시오.

$\boxed{2}$ $\boxed{7}$ $\boxed{8}$ $\boxed{3}$

자연수 부분끼리, 분자 부분끼리의 수가 서로 바뀌어도 결과가 같으면 정답입니다.

① $2\frac{\boxed{7}}{11}+3\frac{\boxed{8}}{11}=6\frac{4}{11}$

② $2\frac{\boxed{7}}{10}+3\frac{\boxed{8}}{10}=6\frac{5}{10}$

6 주차

661 합이 자연수인 대분수

● 두 대분수의 합이 자연수가 되는 것에 ○표, 아닌 것에 ×표 하시오.

$2\frac{3}{7}+3\frac{4}{7}$ 6 (○)
$1\frac{3}{7}+2\frac{3}{7}$ $3\frac{6}{7}$ (×)

❶
$2\frac{2}{6}+2\frac{5}{6}$ $5\frac{1}{6}$ (×)
$3\frac{1}{6}+4\frac{5}{6}$ 8 (○)

❷
$7\frac{1}{9}+2\frac{8}{9}$ (○)
$6\frac{2}{9}+3\frac{4}{9}$ (×)

❸
$4\frac{2}{5}+3\frac{2}{5}$ (×)
$5\frac{4}{5}+2\frac{1}{5}$ (○)

❹
$2\frac{3}{8}+3\frac{5}{8}$ (○)
$4\frac{2}{8}+3\frac{4}{8}$ (×)

❺
$6\frac{1}{2}+3\frac{1}{2}$ (○)
$2\frac{1}{3}+3\frac{1}{3}$ (×)

❻
$7\frac{3}{10}+3\frac{6}{10}$ (×)
$2\frac{5}{10}+3\frac{5}{10}$ (○)

❼
$5\frac{2}{4}+3\frac{3}{4}$ (×)
$6\frac{1}{4}+7\frac{3}{4}$ (○)

월   일

● 두 대분수의 합이 자연수가 되는 두 대분수에 ○표 하고, 그 합을 □ 안에 써넣으시오.

두 대분수의 합이 자연수가 되려면 분수 부분의 합이 1이 되어야 합니다.

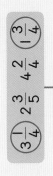

❶
$6\frac{4}{5}$ $3\frac{3}{7}$ $2\frac{4}{7}$ $5\frac{2}{7}$
□ 6

❷
$3\frac{1}{4}$ $2\frac{3}{5}$ $4\frac{2}{4}$ $1\frac{3}{4}$
□ 5

분자의 합이 분모와 같이 6이 되는 두 분수를 찾습니다.

❸
$2\frac{3}{9}$ $2\frac{6}{9}$ $3\frac{5}{9}$ $4\frac{5}{8}$
□ 5

❹
$1\frac{1}{7}$ $3\frac{3}{8}$ $2\frac{5}{8}$ $4\frac{7}{8}$
□ 8

분자의 합이 분모와 같이 4가 되는 두 분수를 찾습니다.

❺
$8\frac{1}{3}$ $7\frac{1}{4}$ $6\frac{2}{3}$ $5\frac{3}{5}$
□ 15

❻
$7\frac{3}{10}$ $2\frac{7}{12}$ $4\frac{5}{10}$ $3\frac{7}{10}$
□ 11

❼
$6\frac{2}{6}$ $2\frac{4}{5}$ $5\frac{2}{6}$ $3\frac{1}{5}$
□ 6

❽
$1\frac{1}{6}$ $3\frac{2}{6}$ $3\frac{5}{7}$ $5\frac{4}{6}$
□ 9

662 자연수에서 대분수 빼기

● 빼는 대분수만큼 지우고, □ 안에 알맞은 수를 써넣으시오.
에서 답안과 지운 칸의 위치는 달라도 지운 칸의 개수가 같으면 정답입니다.

① 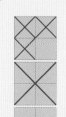 $3 - 1\frac{3}{4} = 1\frac{\boxed{1}}{4}$

② 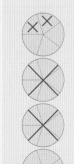 $4 - 2\frac{2}{5} = 1\frac{\boxed{3}}{5}$

③ $5 - 1\frac{1}{6} = 3\frac{\boxed{5}}{6}$

④ $7 - 4\frac{1}{3} = 2\frac{\boxed{2}}{3}$

⑤ $3 - 1\frac{3}{8} = 1\frac{\boxed{5}}{8}$

자연수에서 대분수를 빼는 방법은 2가지입니다.
① 자연수에서 1만큼을 가분수로 만들고, 자연수는 자연수끼리 분수는 분수끼리 뺍니다.
② 자연수와 대분수를 모두 가분수로 만들어 분자끼리 빼고, 결과가 가분수이면 대분수로 바꾸어 나타냅니다.

● □ 안에 알맞은 수를 써넣으시오.

$5 - 2\frac{2}{5} = 4\frac{\boxed{5}}{5} - 2\frac{2}{5}$
$= 2\frac{\boxed{3}}{5}$

① $3 - 1\frac{1}{7} = 2\frac{\boxed{7}}{7} - 1\frac{1}{7}$
$= 1\frac{\boxed{6}}{7}$

② 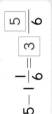 $4 - 2\frac{3}{8} = 3\frac{\boxed{8}}{8} - 2\frac{3}{8}$
$= 1\frac{\boxed{5}}{8}$

③ 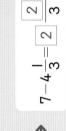 $7 - 3\frac{4}{6} = 6\frac{\boxed{6}}{6} - 3\frac{4}{6}$
$= 3\frac{\boxed{2}}{6}$

④ $5 - 3\frac{1}{2} = 4\frac{\boxed{2}}{2} - 3\frac{1}{2}$
$= 1\frac{\boxed{1}}{2}$

⑤ $6 - 4\frac{2}{3} = 5\frac{\boxed{3}}{3} - 4\frac{2}{3}$
$= 1\frac{\boxed{1}}{3}$

⑥  $9 - 4\frac{3}{7} = 8\frac{\boxed{7}}{7} - 4\frac{3}{7}$
$= 4\frac{\boxed{4}}{7}$

⑦ $8 - 3\frac{4}{5} = 7\frac{\boxed{5}}{5} - 3\frac{4}{5}$
$= 4\frac{\boxed{1}}{5}$

월 일

6 주차

P. 62 ● P. 63

(6) 주차

663 가장 큰 뺄셈식

● 숫자 카드를 한 번씩 사용하여 만든 여러 가지 (자연수)−(대분수)의 뺄셈식을 계산하고, 결과가 가장 큰 것에 ○표 하시오.

① 카드: 3 4 / 5 7

$$5-4\frac{3}{7}=\frac{4}{7}$$

$$7-5\frac{3}{4}=1\frac{1}{4}$$

$$7-3\frac{4}{5}=3\frac{1}{5}$$ ⃝

$$4-3\frac{5}{7}=\frac{2}{7}$$

② 카드: 1 4 / 5 8

$$8-5\frac{1}{4}=2\frac{3}{4}$$

$$5-4\frac{1}{8}=\frac{7}{8}$$

$$8-4\frac{1}{5}=3\frac{4}{5}$$ ⃝

$$4-1\frac{5}{8}=2\frac{3}{8}$$

③ 카드: 2 3 / 6 7

$$7-6\frac{2}{3}=\frac{1}{3}$$

$$6-3\frac{2}{7}=2\frac{5}{7}$$

$$7-2\frac{3}{6}=4\frac{3}{6}$$ ⃝

$$3-2\frac{6}{7}=\frac{1}{7}$$

월 일

⊕ 숫자 카드를 한 번씩 사용하여 계산 결과가 가장 큰 (자연수)−(대분수)의 뺄셈식을 만들고 결과를 구하시오.

(자연수)−(대분수)의 뺄셈식을 만들 때에는 가장 큰 수를 자연수에 놓고, 나머지 세 수를 이용하여 가장 작은 대분수를 만듭니다.

보기 카드: 3 4 5 6

$$6-3\frac{4}{5}=2\frac{1}{5}$$

① 카드: 1 6 4 3

$$6-1\frac{3}{4}=4\frac{1}{4}$$

② 카드: 1 3 4 5

$$5-1\frac{3}{4}=3\frac{1}{4}$$

③ 카드: 7 2 3 5

$$7-2\frac{3}{5}=4\frac{2}{5}$$

④ 카드: 6 5 9 8

$$9-5\frac{6}{8}=3\frac{2}{8}$$

⑤ 카드: 8 7 1 2

$$8-1\frac{2}{7}=6\frac{5}{7}$$

6주차

664 분수의 합과 차

● 자연수와 대분수의 합과 차를 구하고, 구한 합과 차를 더하시오.

① $5+3\frac{1}{3}=8\frac{1}{3}$ $5-3\frac{1}{3}=1\frac{2}{3}$ $\boxed{10}$

② $4+2\frac{1}{4}=6\frac{1}{4}$ $4-2\frac{1}{4}=1\frac{3}{4}$ $\boxed{8}$

③ $6+2\frac{5}{6}=8\frac{5}{6}$ $6-2\frac{5}{6}=3\frac{1}{6}$ $\boxed{12}$

④ $3+1\frac{2}{5}=4\frac{2}{5}$ $3-1\frac{2}{5}=1\frac{3}{5}$ $\boxed{6}$

⑤ $3+1\frac{3}{8}=4\frac{3}{8}$ $3-1\frac{3}{8}=1\frac{5}{8}$ $\boxed{6}$

⑥ $4+2\frac{2}{7}=6\frac{2}{7}$ $4-2\frac{2}{7}=1\frac{5}{7}$ $\boxed{8}$

⑦ $5+3\frac{3}{5}=8\frac{3}{5}$ $5-3\frac{3}{5}=1\frac{2}{5}$ $\boxed{10}$

⑧ $7+3\frac{1}{2}=10\frac{1}{2}$ $7-3\frac{1}{2}=3\frac{1}{2}$ $\boxed{14}$

두 수의 합과 차를 더한 ◆는 자연수, ★는 대분수입니다. 합과 차를 보고, ◆와 ★의 값을 각각 구하시오.

① $◆+★=7\frac{3}{5}$ $◆-★=2\frac{2}{5}$ $★=2\frac{3}{5}$ $◆=5$

② $◆+★=4\frac{2}{3}$ $◆-★=1\frac{1}{3}$ $★=1\frac{2}{3}$ $◆=3$

③ $◆+★=8\frac{4}{7}$ $◆-★=3\frac{3}{7}$ $★=2\frac{4}{7}$ $◆=6$

④ $◆+★=5\frac{3}{4}$ $◆-★=2\frac{1}{4}$ $★=1\frac{3}{4}$ $◆=4$

⑤ $◆+★=5\frac{3}{9}$ $◆-★=2\frac{6}{9}$ $★=2\frac{3}{9}$ $◆=3$

⑥ $◆+★=4\frac{7}{10}$ $◆-★=1\frac{3}{10}$ $★=1\frac{7}{10}$ $◆=3$

P.64 ● P.65

⑥ 주차

잘 공부했는지 알아봅시다

월 일

1 4를 분모가 5인 두 대분수의 합으로 나타내면 다음과 같습니다.

$$4 = 1\frac{1}{5} + 2\frac{4}{5} \qquad 4 = 1\frac{2}{5} + 2\frac{3}{5}$$
$$4 = 1\frac{3}{5} + 2\frac{2}{5} \qquad 4 = 1\frac{4}{5} + 2\frac{1}{5}$$

4를 분모가 3인 두 대분수의 합으로 나타내시오. 단, 더하는 두 수의 순서가 바뀐 것은 같은 것으로 봅니다. $4 = 1\frac{1}{3} + 2\frac{2}{3} \quad 4 = 1\frac{2}{3} + 2\frac{1}{3}$

2 자연수와 대분수가 각각 1개씩 있습니다. 자연수에 대분수를 더하면 $6\frac{2}{3}$이고, 자연수에서 대분수를 빼면 $3\frac{1}{3}$입니다. 자연수와 대분수를 구하시오. $5, 1\frac{2}{3}$

자연수와 대분수의 합과 차를 더하면 10입니다.
따라서 자연수는 10의 $\frac{1}{2}$인 5입니다.

3 숫자 카드를 한 번씩 사용하여 계산 결과가 가장 큰 (자연수) − (대분수)의 뺄셈 식을 만들고 결과를 구하시오.

| 2 | 3 | 4 | 5 |

$$5 - 2\frac{3}{4} = 2\frac{1}{4}$$

차가 가장 크도록 하려면 가장 큰 수를 자연수에 놓고, 나머지 세 수를 이용하여 가장 작은 대분수를 만들어 차를 구합니다.

665 대분수의 뺄셈

● 그림에서 빼는 분수만큼 ×로 지우고 분수의 뺄셈을 하시오.

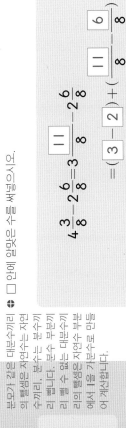

$$3\frac{2}{5} - 1\frac{4}{5} = 1\frac{3}{5}$$

① $$4\frac{1}{6} - 2\frac{2}{6} = 1\frac{5}{6}$$

② $$5\frac{3}{8} - 3\frac{5}{8} = 1\frac{6}{8}$$

③ $$4\frac{1}{5} - 2\frac{2}{5} = 1\frac{4}{5}$$

④ $$5\frac{1}{3} - 3\frac{2}{3} = 1\frac{2}{3}$$

분모가 같은 대분수끼리의 뺄셈은 자연수는 자연수끼리, 분수는 분수끼리 뺍니다. 분수 부분끼리 뺄 수 없는 대분수의 뺄셈은 자연수 부분에서 1을 가분수로 만들어 계산합니다.

● □ 안에 알맞은 수를 써넣으시오.

$$4\frac{3}{8} - 2\frac{6}{8} = 3\frac{11}{8} - 2\frac{6}{8}$$
$$= (3-2) + \left(\frac{11}{8} - \frac{6}{8}\right)$$
$$= 1 + \frac{5}{8} = 1\frac{5}{8}$$

① $$5\frac{2}{7} - 3\frac{5}{7} = 4\frac{9}{7} - 3\frac{5}{7}$$
$$= (4-3) + \left(\frac{9}{7} - \frac{5}{7}\right)$$
$$= 1 + \frac{4}{7} = 1\frac{4}{7}$$

② $$6\frac{1}{3} - 3\frac{2}{3} = 5\frac{4}{3} - 3\frac{2}{3}$$
$$= (5-3) + \left(\frac{4}{3} - \frac{2}{3}\right)$$
$$= 2 + \frac{2}{3} = 2\frac{2}{3}$$

⑦ 주차

666 가분수로 고쳐 뺄셈하기

● □ 안에 알맞은 수를 써넣으시오.

①

$4\frac{1}{4}$은 $\frac{1}{4}$이 $\boxed{17}$ 개.

$1\frac{2}{4}$는 $\frac{1}{4}$이 $\boxed{6}$ 개이므로

$4\frac{1}{4} - 1\frac{2}{4}$는 $\frac{1}{4}$이 $\boxed{11}$ 개입니다.

$4\frac{1}{4} - 1\frac{2}{4} = \boxed{2}\dfrac{3}{4}$

②

$7\frac{2}{5}$은 $\frac{1}{5}$이 $\boxed{37}$ 개.

$2\frac{2}{5}$는 $\frac{1}{5}$이 $\boxed{12}$ 개이므로

$7\frac{2}{5} - 2\frac{2}{5}$는 $\frac{1}{5}$이 $\boxed{25}$ 개입니다.

$7\frac{2}{5} - 2\frac{2}{5} = \boxed{5}$

❶

$5\frac{2}{6}$은 $\frac{1}{6}$이 $\boxed{32}$ 개.

$3\frac{3}{6}$은 $\frac{1}{6}$이 $\boxed{21}$ 개이므로

$5\frac{2}{6} - 3\frac{3}{6}$은 $\frac{1}{6}$이 $\boxed{11}$ 개입니다.

$5\frac{2}{6} - 3\frac{3}{6} = \boxed{1}\dfrac{5}{6}$

❸

$6\frac{2}{10}$은 $\frac{1}{10}$이 $\boxed{62}$ 개.

$4\frac{5}{10}$은 $\frac{1}{10}$이 $\boxed{45}$ 개이므로

$6\frac{2}{10} - 4\frac{5}{10}$은 $\frac{1}{10}$이 $\boxed{17}$ 개입니다.

$6\frac{2}{10} - 4\frac{5}{10} = \boxed{1}\dfrac{7}{10}$

분모가 같은 대분수끼리의 뺄셈은 대분수를 가분수로 바꾸어 뺄셈을 하는 것이 편리합니다. 가분수로 바꾸어 문자끼리 뺀 다음 계산 결과가 가분수인 경우 다시 대분수로 바꾸어 나타냅니다.

● 대분수를 가분수로 바꾸어 뺄셈을 하시오.

$3\frac{1}{4} - 1\frac{2}{4} = \frac{13}{4} - \frac{6}{4} = \frac{7}{4} = \boxed{1}\dfrac{3}{4}$

❶ $5\frac{2}{7} - 3\frac{5}{7} = \frac{37}{7} - \frac{26}{7} = \frac{11}{7} = \boxed{1}\dfrac{4}{7}$

❷ $5\frac{6}{9} - 3\frac{3}{9} = \frac{51}{9} - \frac{30}{9} = \frac{21}{9} = \boxed{2}\dfrac{3}{9}$

❸ $3\frac{2}{5} - 1\frac{3}{5} = \frac{17}{5} - \frac{8}{5} = \frac{9}{5} = \boxed{1}\dfrac{4}{5}$

❹ $8\frac{2}{7} - 1\frac{5}{7} = \frac{58}{7} - \frac{12}{7} = \frac{46}{7} = \boxed{6}\dfrac{4}{7}$

❺ $6\frac{2}{10} - 2\frac{7}{10} = \frac{62}{10} - \frac{27}{10} = \frac{35}{10} = \boxed{3}\dfrac{5}{10}$

❻ $4\frac{3}{12} - 2\frac{8}{12} = \frac{51}{12} - \frac{32}{12} = \frac{19}{12} = \boxed{1}\dfrac{7}{12}$

7 주차

667 뺄셈표

● 빈칸에 알맞은 수를 써넣으시오.

(아래는 가로줄과 세로줄의 수로 이루어진 뺄셈표 퍼즐들입니다.)

1

−	4	2	$2\frac{5}{7}$
5			$3\frac{2}{7}$
$7\frac{3}{5}$	$5\frac{3}{5}$	$5\frac{4}{7}$	$6\frac{6}{7}$

2

−	2	$\frac{4}{5}$	$1\frac{2}{5}$
		$4\frac{1}{5}$	$2\frac{4}{5}$
5	3	$6\frac{4}{5}$	$5\frac{2}{5}$
$7\frac{3}{5}$	$5\frac{3}{5}$		

3

−	3	$\frac{5}{6}$	$4\frac{3}{6}$
6	3	$5\frac{1}{6}$	$1\frac{3}{6}$
$9\frac{4}{6}$	$6\frac{4}{6}$	$8\frac{5}{6}$	$5\frac{1}{6}$

4

−	5	$\frac{3}{9}$	$2\frac{7}{9}$
7	2	$6\frac{6}{9}$	$4\frac{2}{9}$
$8\frac{5}{9}$	$3\frac{5}{9}$	$8\frac{2}{9}$	$5\frac{7}{9}$

5

−	5	$3\frac{1}{9}$	$4\frac{7}{9}$
8	3	$7\frac{6}{9}$	$3\frac{2}{9}$
$7\frac{1}{9}$	$2\frac{1}{9}$	$6\frac{7}{9}$	$2\frac{3}{9}$

6

−	1	$5\frac{5}{8}$	$1\frac{2}{8}$
3	2	$2\frac{3}{8}$	$1\frac{6}{8}$
$4\frac{3}{8}$	$3\frac{3}{8}$	$3\frac{6}{8}$	$3\frac{1}{8}$

순서를 생각하여 해결합니다. 가로줄과 세로줄의 수부터 구합니다.

● 빈칸에 알맞은 수를 써넣으시오.

월 일

1

−	4	$\frac{7}{10}$	$2\frac{1}{10}$
5			$2\frac{9}{10}$
$5\frac{3}{10}$	$1\frac{3}{10}$	$4\frac{6}{10}$	$3\frac{2}{10}$

2

−	2	$\frac{5}{7}$	$1\frac{2}{7}$
3	1	$2\frac{2}{7}$	$1\frac{5}{7}$
$4\frac{4}{7}$	$2\frac{4}{7}$	$3\frac{6}{7}$	$3\frac{2}{7}$

3

−	1	$\frac{3}{7}$	$3\frac{4}{7}$
4	3	$3\frac{4}{7}$	$\frac{3}{7}$
$5\frac{1}{7}$	$4\frac{1}{7}$	$4\frac{5}{7}$	$1\frac{4}{7}$

4

−	4	$\frac{4}{6}$	$2\frac{5}{6}$
3	$2\frac{1}{6}$	$6\frac{2}{6}$	$4\frac{1}{6}$
$6\frac{1}{6}$	$6\frac{1}{6}$	$5\frac{3}{6}$	$3\frac{2}{6}$

5

−	2	$\frac{3}{9}$	$3\frac{2}{9}$
5	3	$4\frac{6}{9}$	$1\frac{7}{9}$
$3\frac{8}{9}$	$1\frac{8}{9}$	$3\frac{5}{9}$	$\frac{6}{9}$

6

−	3	$2\frac{1}{8}$	$1\frac{3}{8}$
6	3	$5\frac{6}{8}$	$4\frac{5}{8}$
$8\frac{5}{8}$	$5\frac{5}{8}$	$8\frac{3}{8}$	$7\frac{2}{8}$

7 주차

668 대분수 카드 뺄셈

● 안의 수를 모두 한 번씩 사용하여 계산 결과에 맞게 (대분수) − (대분수)의 뺄셈식을 완성하시오.

[2 8 5 6]

$$8 \frac{5}{10} - 2 \frac{?}{10} = 6 \frac{1}{10}$$
$$6 \frac{?}{10} - 5 \frac{?}{10} = \frac{4}{10}$$
$$8 \frac{?}{10} - 2 \frac{5}{10} = 2 \frac{6}{10}$$

❶ **[6 7 3 9]**

$$9 \frac{6}{12} - 3 \frac{7}{12} = 5 \frac{11}{12}$$
$$7 \frac{3}{12} - \frac{6}{12} = \frac{6}{12}$$
$$7 \frac{6}{12} - 3 \frac{9}{12} = 3 \frac{9}{12}$$

❷ **[2 3 6 9]**

$$9 \frac{6}{11} - 2 \frac{3}{11} = 7 \frac{3}{11}$$
$$6 \frac{9}{11} - 2 \frac{8}{11} = \frac{8}{11}$$
$$6 \frac{3}{11} - 3 \frac{?}{11} = 3 \frac{5}{11}$$

❸ **[3 6 4 8]**

$$8 \frac{6}{9} - 3 \frac{4}{9} = 5 \frac{2}{9}$$
$$4 \frac{8}{9} - 3 \frac{7}{9} = \frac{7}{9}$$
$$8 \frac{6}{9} - 4 \frac{3}{9} = 3 \frac{6}{9}$$

월 일

❖ 안의 수를 모두 한 번씩 사용하여 다음 식의 계산 결과가 가장 크게 되도록 만들고, 결과를 구하시오.

[2 7 4 6]

$$7 \frac{6}{9} - 2 \frac{4}{9} = 5 \frac{2}{9}$$

❶ **[3 5 9 2]**

$$9 \frac{5}{10} - 2 \frac{3}{10} = 7 \frac{2}{10}$$

❷ **[1 3 5 7]**

$$7 \frac{5}{10} - 1 \frac{3}{10} = 6 \frac{2}{10}$$

❖ 안의 수를 모두 한 번씩 사용하여 다음 식의 계산 결과가 가장 작게 되도록 만들고, 결과를 구하시오.

[3 5 6 8]

$$6 \frac{3}{9} - 5 \frac{8}{9} = \frac{4}{9}$$

❸ **[2 3 5 9]**

$$5 \frac{?}{10} - 2 \frac{9}{10} = \frac{6}{10}$$

❹ **[4 5 1 8]**

$$5 \frac{1}{12} - 4 \frac{8}{12} = \frac{5}{12}$$

7 주차

잘 공부했는지 알아봅시다

1 수직선의 빈칸에 알맞은 수를 쓰고 대분수의 뺄셈을 하시오.

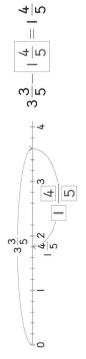

$$3\frac{3}{5} - 1\frac{4}{5} = 1\frac{4}{5}$$

2 빈칸에 알맞은 수를 써넣으시오.

❶
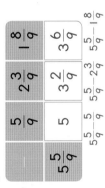

$7\frac{2}{7}$ $-$	$\frac{5}{7}$	$1\frac{2}{7}$	$3\frac{4}{7}$
$7\frac{2}{7}$	$6\frac{4}{7}$	6	$3\frac{5}{7}$
	$7\frac{2}{7}-\frac{5}{7}$	$7\frac{2}{7}-1\frac{2}{7}$	$7\frac{2}{7}-3\frac{4}{7}$

❷
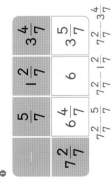

$5\frac{5}{9}$ $-$	$\frac{5}{9}$	$2\frac{3}{9}$	$1\frac{8}{9}$
$5\frac{5}{9}$	5	$3\frac{2}{9}$	$3\frac{6}{9}$
	$5\frac{5}{9}-\frac{5}{9}$	$5\frac{5}{9}-2\frac{3}{9}$	$5\frac{5}{9}-1\frac{8}{9}$

3 숫자 카드를 모두 한 번씩 사용하여 다음 식의 계산 결과가 가장 크게 되도록 만들고 결과를 구하시오.

$$8\frac{7}{11} - 3\frac{6}{11} = 5\frac{1}{11}$$

P.76

8 주차

669 가로로 분수셈

● □ 안에 알맞은 수를 써넣으시오.

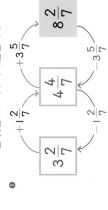

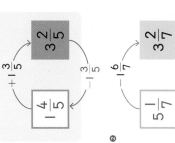

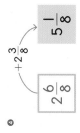

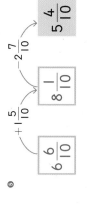

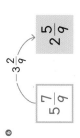

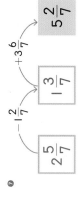

가로로 계산하면 편리합니다. 가로로 계산할 때에는 덧셈은 덧셈으로, 뺄셈은 뺄셈으로 바꾸어 계산합니다.

● □ 안에 알맞은 수를 써넣으시오.

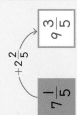

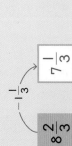

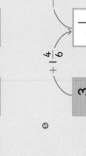

670 모양 분수

● 같은 모양에는 같은 수가 들어갑니다. 빈칸에 알맞은 수를 써넣으시오.

$3\frac{2}{4} + \left(2\frac{1}{4}\right) = 5\frac{3}{4}$

$3\frac{2}{4} - \left(2\frac{1}{4}\right) = 1\frac{1}{4}$

❶ $\boxed{2} + \left(3\frac{2}{5}\right) = 5\frac{2}{5}$

$5\frac{1}{5} - \left(3\frac{2}{5}\right) = 1\frac{4}{5}$

두 번째 식에서 ◯안의 수 $3\frac{2}{5}$를 구한 다음, $3\frac{2}{5}$를 첫 번째 식에 넣고 □안의 수를 구합니다.

❸ $\boxed{5\frac{2}{7}} + \left(3\frac{6}{7}\right) = 9\frac{1}{7}$

$\boxed{5\frac{2}{7}} - \left(2\frac{4}{7}\right) = 2\frac{5}{7}$

❺ $\boxed{7\frac{2}{5}} + \left(2\frac{1}{5}\right) = 9\frac{3}{5}$

$6\frac{2}{5} - \left(2\frac{1}{5}\right) = 4\frac{1}{5}$

❷ $\boxed{2\frac{1}{6}} + \left(3\frac{2}{6}\right) = 5\frac{3}{6}$

$\boxed{2\frac{1}{6}} - \left(1\frac{2}{6}\right) = \frac{5}{6}$

두 번째 식에서 ◯안의 수 $2\frac{1}{4}$를 구한 다음, $2\frac{1}{4}$를 첫 번째 식에 넣고 □안의 수를 구합니다.

❹ $\boxed{8\frac{3}{5}} + \left(2\frac{4}{5}\right) = 11\frac{2}{5}$

$6\frac{3}{5} - \left(2\frac{4}{5}\right) = 3\frac{4}{5}$

● 같은 모양에는 같은 수가 들어갑니다. 빈칸에 알맞은 수를 써넣으시오.

$\boxed{3\frac{1}{3}} + 2\frac{1}{3} = 5\frac{2}{3}$

$7\frac{1}{3} - \left(3\frac{2}{3}\right) = 3\frac{2}{3}$

$\boxed{3\frac{1}{3}} + \left(3\frac{2}{3}\right) = \diamond\,7$

❶ $\boxed{5\frac{4}{7}} + 4\frac{1}{7} = 9\frac{5}{7}$

$8\frac{6}{7} - \left(1\frac{4}{7}\right) = 7\frac{2}{7}$

$\boxed{5\frac{4}{7}} + \left(1\frac{4}{7}\right) = \diamond\,7\frac{1}{7}$

❷ $1\frac{3}{4} + \boxed{3\frac{2}{4}} = 5\frac{1}{4}$

$9\frac{3}{4} - 2\frac{1}{4} = 7\frac{2}{4}$

$9\frac{3}{4} - \boxed{3\frac{2}{4}} = \diamond\,6\frac{1}{4}$

❸ $\boxed{5\frac{3}{8}} + 3\frac{7}{8} = 9\frac{2}{8}$

$6\frac{7}{8} - \left(3\frac{3}{8}\right) = 3\frac{4}{8}$

$\boxed{3\frac{7}{8}} + \left(3\frac{3}{8}\right) = \diamond\,7\frac{2}{8}$

⑧ 주차

671 숫자 카드 합차

● 숫자 카드로 만들 수 있는 대분수를 모두 쓰고, 분모가 같은 두 대분수의 합과 차를 구하시오.

대분수 : $2\frac{3}{4}$ $3\frac{2}{4}$ $4\frac{2}{3}$
합 : $2\frac{3}{4}+3\frac{2}{4}=6\frac{1}{4}$
차 : $3\frac{2}{4}-2\frac{3}{4}=\frac{3}{4}$

❶ [1 3 5]
대분수 : $1\frac{3}{5}$ $3\frac{1}{5}$ $5\frac{1}{3}$
합 : $1\frac{3}{5}+3\frac{1}{5}=4\frac{4}{5}$
차 : $3\frac{1}{5}-1\frac{3}{5}=1\frac{3}{5}$

❷ [2 4 5]
대분수 : $2\frac{4}{5}$ $4\frac{2}{5}$ $5\frac{2}{4}$
합 : $2\frac{4}{5}+4\frac{2}{5}=7\frac{1}{5}$
차 : $4\frac{2}{5}-2\frac{4}{5}=1\frac{3}{5}$

❸ [3 4 6]
대분수 : $3\frac{4}{6}$ $4\frac{3}{6}$ $6\frac{3}{4}$
합 : $3\frac{4}{6}+4\frac{3}{6}=8\frac{1}{6}$
차 : $4\frac{3}{6}-3\frac{4}{6}=\frac{5}{6}$

● 숫자 카드로 만들 수 있는 대분수 중에서 분모가 같은 대분수의 합과 차를 구하시오.

합 : $3\frac{5}{8}+5\frac{3}{8}=9$
차 : $5\frac{3}{8}-3\frac{5}{8}=1\frac{6}{8}$

❶ [4 7 6]
합 : $4\frac{6}{7}+6\frac{4}{7}=11\frac{3}{7}$
차 : $6\frac{4}{7}-4\frac{6}{7}=1\frac{5}{7}$

❷ [9 2 5]
합 : $2\frac{5}{9}+5\frac{2}{9}=7\frac{7}{9}$
차 : $5\frac{2}{9}-2\frac{5}{9}=2\frac{6}{9}$

❸ [3 7 8]
합 : $3\frac{7}{8}+7\frac{3}{8}=11\frac{2}{8}$
차 : $7\frac{3}{8}-3\frac{7}{8}=3\frac{4}{8}$

672 대분수 문장제

● 식을 쓰고 답을 분수로 나타내시오.

진우는 끈 5m를 사서 박스를 묶는데 $2\frac{3}{4}$ m을 사용하였습니다. 진우가 쓰고 남은 끈의 길이는 몇 m입니까?

식 : $5 - 2\frac{3}{4} = 2\frac{1}{4}$ (m)

답 : $2\frac{1}{4}$ m

① 승환이네 가족은 쌀을 지난 주에 $6\frac{2}{5}$ kg, 이번 주에 $5\frac{4}{5}$ kg 먹었습니다. 2주 동안 먹은 쌀은 모두 몇 kg입니까?

식 : $6\frac{2}{5} + 5\frac{4}{5} = 2\frac{1}{5}$ (kg)

답 : $12\frac{1}{5}$ kg

② 종훈이의 몸무게는 $24\frac{1}{6}$ kg이고, 동생의 몸무게는 $18\frac{2}{6}$ kg입니다. 종훈이는 동생보다 몇 kg 더 무겁습니까?

식 : $24\frac{1}{6} - 18\frac{2}{6} = 5\frac{5}{6}$ (kg)

답 : $5\frac{5}{6}$ kg

③ 지용이는 월요일에 $6\frac{5}{6}$ 시간, 화요일에 $7\frac{2}{6}$ 시간 동안 잤습니다. 지용이는 이틀 동안 몇 시간 잤습니까?

식 : $6\frac{5}{6} + 7\frac{2}{6} = 14\frac{1}{6}$ (시간)

답 : $14\frac{1}{6}$ 시간

● 식을 쓰고 답을 분수로 나타내시오.

전체 10km를 경주하는 삼종 경기가 있습니다. $5\frac{3}{8}$ km는 자전거를 타고, $2\frac{2}{8}$ km는 수영을 하고 나머지는 달리기를 합니다. 달리기를 하는 거리는 몇 km입니까?

식 : $10 - 5\frac{3}{8} - 2\frac{2}{8} = 2\frac{3}{8}$ (km)

답 : $2\frac{3}{8}$ km

① 민주는 산책을 지난 주에 $2\frac{5}{6}$ 시간, 이번 주에는 지난 주보다 $1\frac{2}{6}$ 시간 더 했습니다. 민주가 2주 동안 산책한 시간은 몇 시간입니까?

식 : $2\frac{5}{6} + 2\frac{5}{6} + 1\frac{2}{6} = 7$ (시간)

답 : 7 시간

② 소영이와 친구들이 꽃길을 만들고 있습니다. 꽃길을 8m 만들어야 하는데 어제 $4\frac{2}{5}$ m를 만들었고, 오늘은 $3\frac{2}{5}$ m를 만들었습니다. 더 만들어야 할 꽃길은 몇 m입니까?

식 : $8 - 4\frac{2}{5} - 3\frac{2}{5} = \frac{1}{5}$ (m)

답 : $\frac{1}{5}$ m

③ 길이가 $5\frac{5}{9}$ cm인 색 테이프 두 장을 $1\frac{2}{9}$ cm씩 겹쳐 이어붙였습니다. 이어 붙인 색 테이프의 전체 길이는 몇 cm입니까?

식 : $5\frac{5}{9} + 5\frac{5}{9} - 1\frac{2}{9} = 9\frac{8}{9}$ (cm)

답 : $9\frac{8}{9}$ cm

잘 공부했는지 알아봅시다

월   일

1 가장 큰 수와 가장 작은 수의 합과 차를 구하시오. 합 : $7\frac{4}{11}$, 차 : $2\frac{9}{11}$

$$2\frac{3}{11} \quad 3\frac{7}{11} \quad 5\frac{1}{11} \quad 2\frac{6}{11}$$

합 : $5\frac{1}{11} + 2\frac{3}{11} = 7\frac{4}{11}$ 차 : $5\frac{1}{11} - 2\frac{3}{11} = 2\frac{9}{11}$

2 □ 안에 알맞은 수를 써넣으시오.

❶
$3\frac{4}{7}$ $\xrightarrow{+1\frac{6}{7}}$ $5\frac{3}{7}$ $\xrightarrow{+2\frac{3}{7}}$ $7\frac{6}{7}$
$\xleftarrow{-1\frac{6}{7}}$ $\xleftarrow{-2\frac{3}{7}}$

❷
4 $\xrightarrow{+2\frac{3}{5}}$ $6\frac{3}{5}$ $\xrightarrow{+3\frac{4}{5}}$ $10\frac{2}{5}$
$\xleftarrow{-2\frac{3}{5}}$ $\xleftarrow{-3\frac{4}{5}}$

3 어떤 수에서 $1\frac{3}{7}$을 빼야 할 것을 잘못하여 더했더니 $5\frac{2}{7}$가 되었습니다. 바르게 계산하면 얼마입니까? $2\frac{3}{7}$

$\square + 1\frac{3}{7} = 5\frac{2}{7}$ $\square = 3\frac{6}{7}$ $3\frac{6}{7} - 1\frac{3}{7} = 2\frac{3}{7}$

4 밀가루가 $6\frac{3}{5}$kg 있습니다. 빵 1개를 만드는데 $2\frac{4}{5}$kg의 밀가루가 사용됩니다. 만들 수 있는 빵은 모두 몇 개이고, 남은 밀가루는 몇 kg입니까?   2개, 1 kg

$6\frac{3}{5} - 2\frac{4}{5} - 2\frac{4}{5} = 1$ (kg), $6\frac{3}{5}$ 에서 $2\frac{4}{5}$ 를 2번 뺄 수 있으므로
만들 수 있는 빵은 2개이고, 남은 밀가루는 1kg 입니다.

배운 개념을 끊임없이 되짚어주니까
새로운 개념도 쉽게 이해됩니다

수학 개념이 쉽고 빠르게 소화되는 특별한 학습법

· 배운 개념과 배울 개념을 연결하여 소화가 쉬워지는 학습
· 문제의 핵심 용어를 짚어주어 소화가 빨라지는 학습
· 개념북에서 익히고 워크북에서 1:1로 확인하여 완벽하게 소화하는 학습